당생성불
當生成佛

염불은 성불의 구경방편이다

정공법사 강설

한국정종학회 편역

真誠清淨平等正覺慈悲

看破放下自在隨緣念佛

西方極樂世界依正莊嚴之圖

일러두기

1. 정공법사께서 1997년 3월, 30여년간 정종학회를 호지하시고 왕생극락하신 한영韓瑛 관장님의 왕생하신 뜻을 기리기 위해 법문하신『당생성불當生成佛- 한 관장님 왕생의 계시(韓館長往生的啟示)』를 저본으로 번역하였습니다.

2. 『능엄경楞嚴經』〈대세지보살염불원통장大勢至念佛圓通章〉에 이르길, "만약 중생이 마음으로 부처님을 그리워하고 부처님을 생각한다면 현전이나 당래에 반드시 결정코 부처님을 친견하리라(憶佛念佛 現前當來 必定見佛)"라고 하였습니다.「당생성불當生成佛」이란 이 경문에 근거하여 "현전에서 부처님을 친견하고, 당래에 극락세계에 도착해서 부처님을 친견하여" 마침내「이번 생에 성불을 성취함」을 말합니다.

목 차

아미타부처님께서는 어디에 계십니까?
『무량수경』, 이 한 권의 책이 바로 아미타부처님이십니다.
우리들이 매일 독송하면 마치 아미타부처님을 마주하고,
그의 법문(여래지견)을 듣고 가르침을 받는 것과 같습니다.
우리들은 이렇게 진실하고 참된 태도로 독송해야 합니다.
이럴 때 비로소 감응이 있습니다.
-정공법사의 '당생성불'중에서

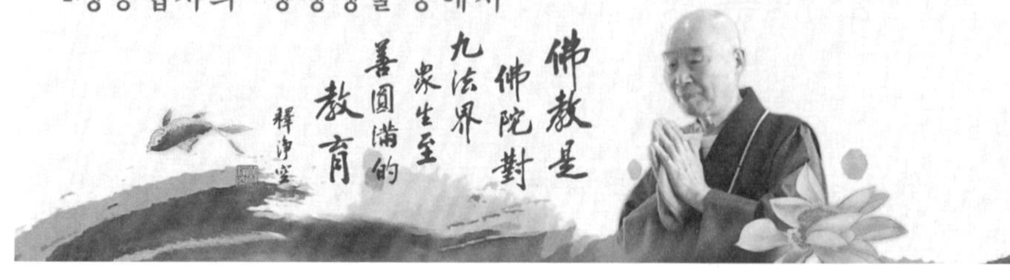

정공淨空 노법사 소개

성현교육과 평화이념에 힘 쏟는 지도자

늘 홀로 행하시고, 늘 홀로 걸어가시니
깨달은 자, 열반의 길 함께 노니며 가시네
　常獨行 · 常獨步 · 達者同遊覺明路

부처님의 마음 지키고, 스승의 뜻 계승하며
부지런히 법륜을 굴려서 중생을 구제하시네
　秉佛心 · 承師志 · 勤轉法輪濟含識

마음 거울 밝아서 비침에 걸림이 없고
심량은 평등한 사랑 하나로 항하사 세계에 두루 하시네
　心鏡明 · 鑒無礙 · 量周沙界一博愛

인간의 스승이 되시어 세상의 모범을 행하시고
자신은 온갖 고통에 빠질지라도 원심에서 물러나지 않으시네
　為人師 · 行世範 · 身止諸苦願不退

1. 종승(宗)에 통달하고 교승(教)에 통달하여 마음이 정토로 돌아가다

정공 법사께서는 민국 초 전란시기에 태어나 2차 세계대전을 겪으시면서, 인간이 무지하여 상호 대립 시기하고, 나쁜 견해로 인해 서로 원수로 여기며, 가정불화와 사회불안을 초래하고 정쟁政爭과 전쟁이 종식되지 않는다는 사실을 절감하고, 슬픈 마음에 사로잡혀 도처에 스승을 찾아다니면서 도를 묻고 그 해결의 길을 구하였습니다.

대철학자 방동미方東美 교수께서 가르치신 「**학불은 인생최고의 향수**(學佛是人生最高的享受)」라는 말씀을 통해 노법사께서는 우주와 인생의 진상眞相을 탐구하는 여행을 시작하였습니다.

티베트 고승이신 장가章嘉대사께서 가르치신 「**간파**看破 · **방하**放下 · **보시**布施」의 방법을 통해 노법사께서는 학불의 기초를 다지셨습니다.

이병남李炳南 노거사께서 일깨우시고 깊이 알게 하신 「**일문에 깊이 들어가 오랫동안 몸에 배이도록 닦는**(一門深入 長時薰修)」 방법은 일체경장에 깊이 들어가는 열쇠입니다.

노법사께서는 13년간 쉬지 않고 부지런히 학습하여 마침내 정토종의 홍양에 힘쓰게 되셨습니다.

2. 불타교육을 근본부터 바르게 세우시다

노스님께서는 「불교」는 「불타교육佛陀教育」이 바른 이름이고, 또한 **「불교는 석가모니부처님께서 일체중생에게 가르치신 다원적이고 지극히 선하며 원만한 사회교육」**임을 처음으로 주창하시며, 시시각각 깊은 내용을 쉽게 풀어내는 방식으로 우리들에게 불타교육의 진실한 뜻을 인식시켜주셨습니다.

불법을 수학함에 있어 형식을 중시할 것이 아니라 실질적인 내용을 중시해야 한다고 강조하셨습니다. 예를 들면 불문에 들어가 삼귀의三歸依하는 것은 형식상으로는 「불佛 · 법法 · 승僧」에 귀의하는 것이지만, 그 실질적인 함의는 **「미혹에서 깨달음으로 돌아감(從迷歸覺) · 삿된 법에서 바른 법으로 돌아감(從邪歸正) · 물든 마음에서 청정한 마음으로 돌아감(從染歸淨)」**입니다. 불상에 예배하는 것은 우상에 엎드려 절하는 것이 아닙니다. 그 진정한 함의는 **「은혜를 알고 은혜를 갚음(知恩報恩)」 · 「어진 이의 행동을 보고 그와 같아지길 생각함(見賢思齊)」**입니다. 부처님 전에 공양하는 물은 청정 · 평등을 대표합니다. 우리들에게 이 한 잔의 물을 보고서 우리들의 마음이 물처럼 청정 · 평등하겠다고 생각해야 한다고 가르치십니다.

3. 스승의 뜻을 전승하여 홍양하는 것을 다원화하시다

노법사께서는 1959년 출가하신 후 성인과 철인의 윤리도덕 교육을 회복하고 대승불법의 자비정신을 홍양하는 것을 자신의 소임으로 삼으시고, 지금까지 58년간 중단 없이 경전을 강설하고 불학佛學을 가르치셨습니다.

노법사께서는 부처님의 교학이념을 계승하고, 윤리도덕교육 · 인과교육 · 불타교육 등을 실천하시기 위해 경전을 인쇄하여 대중에게 나눠주어 무상으로 법연을 맺게 하셨을 뿐만 하니라 또한 『건륭대장경乾隆大藏經』 · 『사고회요四庫薈要』 · 『사고전서四庫全書』를 인쇄하여 전 세계 고등학부, 국가도서관 및 각종 종교단체에 기증해서 이를 소중히 보관하게 하고 학술연구 용으로 쓰게 하셨습니다.

노법사께서는 21세기의 불교도량은 사원건축이 아니라고 말씀하시며, 녹음설비 · 인터넷 · 위성TV 등을 잘 활용하여 불법을 개인의 집에 있는 TV 컴퓨터에 보내어서 이것을 바탕으로 모든 사람에게 어질고 자비롭고 넓게 세상을 사랑하는 인자박애仁慈博愛의 교육풍조를 보급하셨습니다.

4. 정종학회의 정신적 지도자이시다

「정종학회」는 하나의 이념으로 하련거 노거사께서 제창하신 정토를 전수專修 · 전홍專弘하는 조직으로 정공 노법사의 강력한 제창을 통해서 실제 수학 · 생활 가운데 확실히 실행하셨고, 비로소 하련거 노거사의 이상이 현실화될 수 있었습니다.

노법사께서는 정종의 소의경전이 확실히 시방삼세 일체제불께서 중생을 제도하고 성불하는 제일법문임을 깊이 아셨습니다. 이로써 근 10여 년간 대만, 홍콩, 싱가포르, 말레이시아, 미국, 캐나다, 호주 등지에서 있는 힘을 다해 선양하시고, 이 조직이 전 세계 각지까지 널리 뻗어나갈 수 있길 희망하고 계십니다. 원컨대 여러 대선지식께서 모두 정법을 펼쳐서 두루 중생으로 하여금 극락연화세계로 함께 돌아가길 바랍니다.

5. 뿌리를 찾아가는 것이 복덕 지혜의 시초이다

먼 옛날로부터 지금까지 생명의 기나긴 강줄기에서 중국이 세계에서 수천 년간 우뚝 솟아 도태되지 않은 주요한 원인은 효도를 아는 것입니다. 효孝는 일체 선법善法의 근본으로 중화문화 정신의 기초이자 부처를 이루고 보살을 이루는 진정한 인(真因)입니다.

조상의 위패를 모시고 조상과 선조들이 후인에게 일러주신 가르침을 잊지 않는 것이 효친孝親입니다. 수천 년 전의 조상에 대해 모두 경애하고 생각마다 잊지 않는다면 현재 우리 곁에 계시는 부모님께 어찌 효순하지 않겠습니까! 그래서 조상에게 제사를 지내는 진정한 의의는 「뿌리를 찾아 돌아가 시조에 보답함(返本報始)」에 있고, 사람에게 뿌리를 잊지 말라고 가르치는 인도人道의 대 근본입니다.

중국인은 대대로 전해져 온 지금까지 성씨를 합치면 대략 2만 2천여 성씨가 있는데, 그 뿌리를 캐고 원천을 거슬러 올라가 찾으면 중국인은 모두 한 가족임이 증명됩니다. 일찍이 3, 40 년 전에 노법사께서는 「중화민족만성선조기념당中華民族萬姓先祖紀念堂」을 건립할 것을 강력하게 제창하시고, 전 세계 중화인의 거처에 모두 조상기념당이 있기를 기대하셨습니다. 그 뜻은 사람마다 지나간 시간을 추억하고 효사孝思를 이어갈 수 있도록 함에 있습니다. 나아가 「구법계중생의 선조기념(九法界眾生之先祖紀念)」으로까지 넓혀나가, 이처럼 효도를 크게 행하면 후에 반드시 성현聖賢의 사도師道가 시현하여, 이로써 악을 교화하여 선을 이루게 하고 미혹을 교화하여 깨달음을 성취하게 하며, 범부를 교화하여 성인을 이루게 하셨습니다.

6. 종교의 단결, 평화를 추동하시다

노법사께서는 거룩한 가르침(聖教)을 펼치신지 지금까지 근 60년에 이르러 동서양의 모든 종교와 성인과 철학이 「인자박애仁慈博愛 · 성경겸화誠敬謙和」를 다른 교학의 종지로 함을 깊이 깨치셨습니다.

1997년부터 시작하여 노법사께서는 싱가포르 9대 종교의 단결에 힘쓰시면서 세상 사람에게 "우주 가운데 오직 하나의 참된 신이 있으니, 그 참된 신은 바로 '사랑(愛)'으로 각기 다른 종교에 화신化身하였으니, 모든 종교는 다 한 집안입니다."라고 말씀하셨습니다. 반세기 이래 노법사의 족적은 5대주에 두루 미치어서 여러 차례 아시아,

호주 등 각지에서 국제평화회의에 참가하셨고, 수차례 싱가포르 9대 종교 및 인도네시아 5대 종교대표단과 동행하였으며, 중국 이탈리아 이집트 등 종교성지와 대학에 방문하셨습니다. 2006년 10월, 노법사께서는 프랑스 파리 유네스코 총본부에서 개최한 「2550년 부처님오신날 경축」 활동 중에서 "종교는 단결할 수 있습니다! 사람은 잘 가르칠 수 있습니다!"라고 천명하셨습니다.

7. 화해세계和諧世界는 마음으로부터 시작한다

노법사께서는 여러 차례 국제평화회의에 참가하시고 오직 화해 시범구區를 건립해야 비로소 세상 사람으로 하여금 「인간의 성품은 본래 선함(人性本善)」을 잘 이해하고 긍정할 수 있음을 깊이 절감하시고 이해하셨습니다. 이에 비추어 노법사께서는 그의 고향인 안휘성安徽省 려강현廬江縣 탕지진湯池鎮에 「문화교육중심」을 건립하고 윤리도덕 교육 교사를 길러내어 작은 읍 전체 사람들에게 오륜五倫교육을 실시하여 세상 사람으로 하여금 「화해사회和諧社會」가 구호가 아님을 보여주셨습니다. 다시 작은 읍을 화해시키는 작은 경험으로부터 범위를 더 넓혀나가면 화해 시범성省·시범국國을 달성하고 나아가 화해세계의 대동이상大同理想을 실현할 것을 기약할 수 있습니다.

8. 옛 성인을 스승으로 삼아 배우는 학습반을 운영하여 가르치시다

노법사께서는 강학講學 인재를 기르시는데 시종일관 전력을 다하면 반드시 정법이 오래 머물러 중생으로 하여금 진실한 이익을 얻을 수 있다고 보았습니다. 이때문에 적극적으로 「종교대학」 혹은 「다원문화대학」 및 「전통문화교육중심」을 건립하여 유・불・선 삼도 및 각 종교 교사를 기를 것을 강력히 제창하셨고, 진실로 각 종교학습자들이 인자박애 정신을 성실히 받들 수 있고 윤리 도덕과 종교 교육의 기초를 견실히 할 수 있을 것으로 기대하셨습니다.

9. 학으로 인간의 스승이 되고 행으로 세상의 모범이 되시다

「진성真誠・청정清淨・평등平等・정각正覺・자비慈悲와 간파看破・방하放下・자재自在・수연隨緣・염불念佛」은 노법사님께서 입신처세立身處世하신 불변의 법칙입니다. 「인자박애仁慈博愛」・「수신을 근본으로 삼고 교학을 우선함(修身為本 教學為先)」은 그 어르신께서 경전을 강설하고 가르치시는 순일한 요지였고, 「성경겸화誠敬謙和」・「널리 중생으로 하여금 미혹을 깨뜨려 개오하게 하고 괴로움을 여의고 즐거움을 얻게 함(普令眾生破迷開悟 離苦得樂)」을 생명의 진실한 의의로 삼으셨습니다.

인연에 따르면 자재하고, 인연에 매이면 매우 쓴 고통입니다. 그래서 모든 인연이 갖추어져 있으면 응당 해야하는 일이고, 이 일을 잘 하도록 열심히 노력해야 합니다.
인연이 갖추어져 있지 않으면 절대로 강요해서는 안 됩니다. 이러한 이치를 알면 우리는 모든 일에 자재할 수 있습니다.
-정공법사 '당생성불' 중에서

만법은 인연으로 생겨납니다(萬法緣生).
무릇 인연으로 생겨난 법은
모두 자성自性이 없고,
모두 자체自體가 없으며,
당체當體가 모두 공하여
찾을 수 없습니다. 그런 까닭에
외부 경계도 얻을 수 없습니다.
얻을 수 있는 주체(能得)도
얻을 수 있는 대상(所得)도
모두 얻을 수 없습니다. 그래서
당신에게 내려놓으라고 외칩니다.
왜 그렇습니까?
내려놓으면 사실·진상과
상응하기 때문입니다.
-정공법사 '당생성불'

법문 개요

첫째 날 법문 : 우주와 인생의 진상

이 법문에서는 우주와 인생의 진상을 명료하게 이해할 필요성을 설명합니다. 즉 일진법계一真法界 · 십법계十法界 및 육도六道의 형성이 전체 그대로 망상 · 분별 · 집착에 있는데, 우리들은 일상생활 속에서 노동을 하고, 일을 처리하며, 사람을 상대하고, 사물을 접하는 가운데 알아차리고(看破) 내려놓아야(放下) 비로소 청정 · 평등 · 각에 이를 수 있습니다.

지금 이 자리(當下)에서 일념에 깨달은 마음(覺心)이야말로 진정한 「**염불**念佛」입니다. 깨어있고 미혹하지 않는 마음으로 염불해야 상응할 수 있고, 그렇지 않으면 하루 종일 부처님 명호를 십만 번 소리내어 목이 상하도록 불러도 헛수고입니다.

공덕과 복덕은 바로 일념의 짧은 순간에 있으니, 공덕은 생사를 끝낼 수 있지만, 복덕은 그렇지 못합니다. 우리들은 **이번 생에 무량겁 이래로 쌓아온 무량한 복덕을 어떻게 공덕으로 바꿀 것인가? 이것을 알아야 합니다.** 지금 이 자리에서 생각을 한번 바꿔보십시오. 한번 바꿈에 일체가 바뀝니다. 어떻게 바꿀 수 있습니까? 망상 · 분별 · 집착을 모두 내려놓으면 바로 바뀝니다.

둘째 날 법문 : 모든 법이 공해도 인과는 공하지 않다

불·보살님을 공부함이란 바로 우리들이 어떻게 일상생활 속에서 노동을 하고, 일을 처리하며, 사람을 상대하고, 사물을 접하는 가운데 깨어있고 미혹하지 않는가를 배우는 것입니다. 우리들이 육도六道를 뛰어넘을 수 없는 까닭은 바로 우리들에게 견혹見惑과 사혹思惑의 두 가지 미혹(惑)이 있고, 견혹 중에서도 신견身見을 우두머리로 삼기 때문입니다. 우리들은 이 몸을 잘못 「나(我)」라고 생각하고, 「나의 것(我所)」을 잘못 「나」라고 생각합니다. 그러나 「나」는 생하지도 멸하지도 않고, 항상 머무는 것이며, 「나의 것」은 생멸이 있고 무상한 것임을 알아야 합니다.

모든 법(萬法)은 인연에 의해 생겨나고, 인연에 의해 생겨나는 법은 모두 자성이 없으며, (모든 법의 실상인) 당체當體는 즉공(即空 ; 공에 연합해 있음)이라 얻을 수 없습니다. 세 가지 마음이 불가득不可得이니, 얻을 수 있는 마음 또한 불가득입니다. 그래서 주체(能) 와 대상(所) 모두 얻을 수 없습니다. 이와 같이 자성에 즉(即)해야 상응相應합니다.

비록 「모든 법이 다 공이다(萬法皆空)」 할지라도 다만 인과因果는 공하지 않습니다. 인과는 상속성이 있어, 인因이 변해 과果가 되고, 과果 또한 변해 인因이 되어 순환해 그치지 않으니, 불법의 수행증득(修證)

이론에 근거합니다. 그래서 부처님께서는 「인연과보因緣果報」를 설하시고 「**염불이 인이고, 성불이 과이다(念佛是因 , 成佛是果)**」 라고 말씀하셨습니다.

수행의 요점은 세상 인연의 순경과 역경(順逆)에 있지 않고, 마음의 깨달음과 미혹(覺迷)에 있습니다. 깨달으면 곧 괴로움을 여의고 지극한 즐거움을 얻으며, 영원히 생사윤회의 고통에서 벗어나지만, 미혹하면 비록 부유할지라도 즐겁지 않습니다.

셋째 날 법문 : 생사해탈의 기초인 삼복三福 닦기

격려하고 함께 닦아서 육도윤회를 뛰어넘는 것을 우리들 이번 생에 노력해야할 목표로 삼아야 합니다. 마명馬鳴 보살께서 말씀하신 「본각은 본래 구족하고 있지만, 불각은 본래 없다(本覺本有 不覺本無)」라는 글귀를 설명해보겠습니다. 깨달음의 성품(覺性)은 본래 구족하고 있기 때문에 사람마다 다 증득證得할 수 있고 사람마다 다 불보살이 될 수 있습니다. 망상 · 분별 · 집착은 본래 없기 때문에 끊어버릴 수 있습니다.

미혹하느냐, 깨우치느냐는 일념의 짧은 순간에 있습니다. 분별 · 집착을 내려놓으면 곧 깨달음이고, 깨달은 후 자기를 위하는 마음과 생각을 다시 일으키지 않고, 일체가 모두 중생을 위합니다. 비록 중생을 위할지라도 마음속에는 아무 일도 없습니다. 이는 곧 『금강경』에서 「무량무수의 중생을 제도하였을지라도 실은 제도를 받은 중생은 없느니라(度無量無數衆生 而實無衆生得度者)」라고 한 가르침과 같습니다.

이理는 단박 깨달을 수 있지만(頓悟), 사事는 점차 닦아야 하므로(漸修) 『관경觀經』의 삼복三福은 곧 「삼세제불께서 닦으신 정업淨業의 정인正因」이고, 우리가 수행하는 기초입니다. 오늘날 우리가 이렇게 많은 정신과 이렇게 많은 시간을 들여도 오히려 성취하는 바가 없으니, 그 원인은 삼복三福으로부터 시작하지 않는데 있습니다.

1997년 5월 미국 캘리포니아,

새너 제이(San Jose) 정종학회에서

정공 큰스님 강설하심

아미타부처님께서는 어디에 계십니까?
『무량수경』, 이 한 권의 책이 바로 아미타부처님이십니다.
우리들은 매일 독송하면 마치 아미타부처님을 마주하고,
그의 법문(여래지견)을 듣고 가르침을 받는 것과 같습니다.
우리들은 이렇게 진실하고 참된 태도로 독송하여야 합니다.
이럴 때 비로소 감응이 있습니다.
-정공법사

이 한 생에서 아미타불의 명호를 듣고 믿을 수 있고,
발원할 수 있으며, 또한 일체를 모두 내려놓고서
정토에 태어나기를 구한다면, 그의 선근은 틀림없이
아사왕자를 능가하는 것이다. 그러나 실제로 이러한
사람들은 많지 않다.
- 정공법사 '아미타경요해강기' 중에서

첫째 날 법문

우주와 인생의 진상

동수同修 여러분!

한영韓瑛 관장님께서 세상에 계실 때 우리 단체를 이끌어 오시면서 오랜 세월동안 그분은 우리 생활의 중심이 되어주셨습니다. 그분께서 이렇게 갑자기 우리 곁을 떠나시니, 동수 여러분께서도 모두 느끼신 바가 많을 것이라 생각됩니다. 어찌할 바를 모르겠고, 하는 일마다 모든 것이 막막합니다. 이런 상황은 일정 기간, 있어야 마땅합니다. 이를 통해 우리는 비로소 정상을 회복할 수 있습니다.

그분이 떠나시고, 확실히 우리들에게 매우 많은 계시啟示를 가져다주셨고, 우리의 수학修學에 대해서도 매우 중요한 학습요령을 일깨워주셨습니다. 어제 여러분들과 이 문제에 대해 이야기했습니다. 저는 동수님들 한분 한분과 잠깐 동안 조금이나마 깨달음(覺悟)의 말씀을 나누고 싶습니다.

"삶과 죽음보다 큰일은 없고, 무상한 세월보다 빨리 가는 것은 없다(生死事大 無常迅速)"는 가르침이 생각납니다. 이렇게 관찰할 수 있다면 이것이야말로 진정한 깨달음입니다.

인생은 하나의 현상입니다. 부처님께서는 우리들에게 이러한 현상은 환상이고, 절대로 진실이 아니라고 일러주셨습니다. 불법 안에서 진실(眞)과 가상(假)의 표준은 감각기관 위에 건립되어 있습니다. 만약 이러한 사상事相이 영원히 변하지 않는 것이라면 불법에서는 이것은 진실한 것이라고 말할 것입니다. 만약 이러한 현상이 변하는 무상한 것이라면 이것은 허깨비이고 환상이며, 진실하지 않는 것이라 말할 것입니다.

부처님의 이러한 가르침을 따라 세심하게 관찰해보면 이러한 일들은 변하지 않습니까? 일에 모든 것은 변합니다. 그 어느 것도 변하지 않는 것은 없으며, 모두 찰나 찰나에 변한다고 말할 수 있습니다. 변하지 않는 것은 찾아볼 수 없고, 허공만이 존재할 뿐입니다. 3천년 전 석가모니 부처님께서 출현하셨을 때도 이 허공은 이런 모습이었는데, 3천년 후 현재도 여전히 이런 모습일 것입니다. 허공을 빼고는 일체 만물은 모두 무상합니다.

이러한 현상은 어떻게 발생하였나? 어디에서 왔는가? 이것이 바로 대승경전에서 항상 말하고 있는 「제법실상諸法實相」입니다. 이 일체법의 진상은 도대체 무엇인가? 우리들이 지금 존재하는 이 단계에서 얻은 것이 바로 사람 몸입니다. 사람은 반드시 늙고 죽나니, 이런 것은 모두 피할 수 없습니다. 한 사람 한 사람 모두 반드시 겪어야 합니다. 한 사람도 피할 수 없는 것이 바로 생로병사의 문제입니다. 그래서 이것은 매우 엄숙한 문제이고, 가장 큰 문제이기도 합니다. 이 사실은 너무나 절박하고 추호도 멈출 수 없습니다. 그래서 덧없는 세월은 빨리 지나가버린다고 말씀하신 것입니다.

총명한 사람, 깨달은 사람은 이 일이 가장 큰일임을 알고서, 모든 생각을 집중하여 연구 토론하고 이를 통해 그것의 사실 · 진상을 이해하길 희망합니다. 그렇지만 부처님께서 이 세상에 출현하시기 이전 세상에도 총명한 사람들이 매우 많았고, 지혜 있는 사람들이 적지 않았습니다. 그들은 일체 모든 문제를 해결할 방법을 가지고 있었습니다. 그러나 오직 이 일만큼은 해결할 방법이 없었습니다. 그래서 부처님께서 세상에 출현하신 것입니다. **부처님께서 세상에 출현하신 것은 대자비를 시현하심이고, 그 목적은 우리들을 도와 이 문제를 해결하기 위함이었습니다.** 부처님께서는 우리들에게 인연을 따르라(隨緣)고 가르쳐 주셨습니다. 그 어르신께서도 인연을 따르셨습니다. 우리들에게 이 일이 생각났다면 부처님께서 비로소 오신 것입니다. 만약 우리들에게 이 일이 생각나지 않았다면 불보살님께서는 아직 오시지 않은 것입니다. 이것이 이른바 「**중생에게 감이 있으면 부처님께서 응하심이 있다**(衆生有感 佛就有應)」라는 말입니다.

옛날 인도는 학술사상이 지구상에서 가장 발달한 지역이었습니다. 중국의 문화 발전도 괜찮았다고 말할 수 있습니다. 그렇지만 인도와 비교하면 한참 뒤쳐진 상태였습니다. 중국에서 발생한 유교와 도교, 이 두 가지 종교는 학술사상의 연구토론을 통해 인간세계(人道)와 천상세계(天道)에 도달하였고, 귀신세계(鬼道)도 이야기하였습니다. 그러나 자세히 관찰하면 그것은 욕계천欲界天에 도달하였을 뿐이고,

색계천色界天에는 도달하지 못했습니다. 그렇지만 불교경전에서는 인도에 96종의 외도가 있었다고 말합니다. 외도外道란 욕설이 아닙니다. 또한 다른 사람을 경시하는 말도 아닙니다. **「외外」는 「마음 바깥에서 법을 구함」을 말합니다. 이를 「외도」라고 부릅니다.**

일체중생, 그의 관찰 · 사유 · 상상은 전부 마음 바깥에서 법을 구하는 외도에 속합니다. 이 세상의 모든 종교학설은 마음 바깥에서 법을 구할 뿐만 아니라 부처님 공부를 하는 사람 대다수도 여전히 마음 바깥에서 법을 구하고 있습니다. 여러분들이 『능엄경楞嚴經』을 읽어보시면 경전에서 부처님께서 말씀하신 성문 · 연각 즉 아라한 · 벽지불 및 권교權教 보살의 세 가지 부류 사람들은 마음 바깥에 법을 구하고 있고, 이들을 대승법문에서 「외도」라고 부르고 있음을 알 수 있습니다. 「외도」란 나쁜 의미의 명사가 아니라 완전히 사실에 대해서만 따질 뿐, 사람에 대해서 따지는 것이 아님을 알 수 있습니다. 무릇 마음바깥에 법을 구하는 것은 모두 「외도」입니다.

우리들은 오늘도 모두 마음 바깥에서 법을 구하고 있습니다. 그 사람은 마음을 밝혀 자성自性을 보았습니까? 그 사람은 자성을 향해서 구하고 있습니까? 우리들이 진정으로 착실하게 염불하는 것을 제외하고는 일체의 망상 · 분별 · 집착을 모두 다 내려놓을 수 있다면, 우리들은 마음바깥에서 법을 구하는 것이 아니라고 말할 수 있습니다. 그렇다면 그것은 자성을 향해서 구하는 것이 아닙니까? 그렇다고 볼 수는 없지만, 이러한 성취는 너무나 수승한 것입니다. 아미타부처님께서 세우신 본원이 가진 위신력의 가지加持는 이와 같이 수승합니다. **우리들은 불력佛力에 의지하여 외도로부터 방향을 바꾸어 마음을 밝혀 자성을 보려고 합니다.** 우리들이 걸어가는 길은 이러합니다.

만약 우리들이 부처님께 의지하지 않는다면 어떠한 방법도 없고 불가능할 뿐입니다. 왜 그렇습니까? 우리들은 살아가면서 이번 생뿐만 아니라 시작도 없는 겁 이래로 세세생생 육근六根이 육진경계六塵境界에 닿아서 눈은 색色을 봅니다. 눈을 뜨고 보는 것은 「색」이란 글자로 대표되는 것입니다. 귀는 소리(聲)를 듣고 **육근이 육진경계에 닿아서 마음을 일으키고 생각이 움직입니다. 그러나 이렇게 일어난 생각은 곧 진실한 마음이 아닙니다. 부처님께서는 이와 같은 마음을 「망심妄心」이라 하였습니다.** 법상종法相宗에서는 「8식識 51심소心所」를 말하고 있습니다. 우리들의 모든 활동은 51심소를 떠날 수 없고, 그것을 벗어날 수 없습니다.

말하자면, 우리들만 벗어날 수 없을 뿐만 아니라 아라한 · 벽지불 · 권교보살들도 벗어날 수 없습니다. 모두 이 범위를 벗어날 방법이 없습니다. 그래서 이들 부류의 사람들은 영원히 마음을 밝혀 자성을 볼 수 없고, 영원히 문제를 해결할 수 없습니다. 특히 우리의 망상 · 분별 · 집착이 무거우면 육도윤회를 벗어날 수 없습니다. 부처님께서는 이러한 현상을 우리들에게 또렷하고 분명히 말씀해 주셨고, 불법을 만나서 부처님 공부를 하면서 차츰차츰 깨달음에 이르게 하셨습니다. 이른바 깨달음을 얻음(開悟)이란 이러한 사실진상에 대하여 점차 체득해 가는 것입니다.

이러한 현상은 어떻게 오는 것입니까? 부처님께서는 그 기원은 일념이 깨닫지 못하고 무명이 생겨난 사실에 있다고 말씀해주셨습니다. 부처님께서 말씀하신 이것이 최초의 기원입니다. 우리들 범부에게는 하나의 착각錯覺이 있습니다. 이러한 착각은 바로 시간과 공간의 관념입니다. **우리들이 감각을 통해 느끼는 시간·공간은 진실한 것이 아닙니다.** 법상유식의 입문서로 『백법명문론百法明門論』이라 는 책이 있는데, 천친天親 보살께서 저술하신 책입니다. 이 논서는 글자가 그리 많지 않지만, 옛날부터 지금까지 조사·대사祖師大師들의 주해는 매우 풍부해서, 그 양이 원문과 비교해 수십 배를 넘어섭니다.

이 논서 속에는 우리들에게 시간과 공간이 어떤 것인지 말해줍니다. **그것은 시공간을 불상응행법不相應行法1)이란 범주에 나열하고 있습니다. 불상응행법은 현대적으로 말하면 바로 추상적 개념으로 사실은 없지만, 그렇다고 이 일이 없다고 말할 수 없습니다. 그러나 이 일은 가상(假)일 뿐이고 나아가 꿈·환·물거품·그림자(夢幻泡影)와 같습니다.** 그래서 법상종에서는 일체법을 심법心法·색법色法·심소유법心所有法·불상응행법不相應行法·무위법無為法의 5가지 범주로 분류하였습니다. 이들 5가지 범주는 세간의 일체 법을 포괄할

1) 불상응행법不相應行法이란 무엇인가. 물질(質礙)도 아니며 정신(緣慮)도 아니면서(不相應), 그러나 변질되어 가는(行) 것(法)이다. 다시 말하자면 물질에도 소속되어 있지 않고 또한 정신에도 속해 있지 않으면서, 그러나 시간의 흐름에 따라 변해 가는 그러한 것이라는 뜻이다.

뿐만 아니라 불법도 그 가운데 들어 있습니다.

어떻게 이러한 모습으로 변했을까요? 부처님께서는 『화엄경』「출현품出現品」에서 이를 잘 설명하시고 계십니다. 부처님께서는 일체중생 모두에게 여래의 지혜덕상智慧德相이 있다고 말씀하셨습니다. 구법계九法界 중생들은 제불여래와 둘이 아니고, 차별이 없습니다. 여러분께 말씀드리자면 여래과지如來果地의 지혜상智慧相은 허망한 것이 아니라 진실한 것입니다. 그래서 그 경계를 「일진법계一真法界」라고 부릅니다.

왜 이것은 진실한데, 우리들은 이것을 허망하다고 말합니까? 방금 전에 말씀드렸듯이 허망은 무상하고 변하는 것입니다. 그러나 이것을 일진一真[2]이라고 하면 그것은 당연히 영원하고 변하지 않는 것이며, 곧 「생하지도 멸하지도 않는다(不生不滅)」라고 말할 수 있습니다. 생하지도 멸하지도 않는 것은 진실이고, 생하고 멸하는 것은 가상(假)입니다. 우리들의 현재 이 마음, 마음속의 생각들은 끊임없이 앞의 생각은 멸하고 뒤의 생각은 생하고 있습니다. 즉 우리들의 생각들은 생하고 멸하는 것입니다. 계속해서 밤에 잠을 자고, 비록 쉴지라도 생각은 쉬지 않으며, 여전히 작용이 일어나고 여전히 꿈을 꾸며 여전히 망상을 짓고 있고, 여전히 망상이 일어나고 있습니다. 이로 인해 그 망상은 중단된 적이 없음을 알 수 있습니다. 우리들이 잠을 자도 그것은 중단되지 않고, 그것은 여전히 평소대로

2) 우주 만유의 실체로서, 현실적이며 평등무차별한 절대의 진리.

활동하고 있습니다. 이러한 일은 골칫거리입니다. 이것이 바로 망상입니다.

망상・분별・집착은 우리들로 하여금 일진一眞을 증득할 수 없게 합니다. 일진을 증득할 수 없으면 우리들은 일진을 받아쓰지 못합니다. 일진을 받아 쓸 수 있음이 바로 「증득證得」이란 말의 뜻입니다. 우리들은 이런 명사들에 대하여 매우 깊은 이해가 있어야 하지만, 그렇다고 이러한 명사들을 너무 허황되게 생각하지 말아야 합니다. 그것은 또한 착각이고, 「수행증과修行證果」란 명사를 허황되게 듣는 것입니다. **「수행」이란 무엇을 말합니까? 그것은 우리의 잘못된 사상행위를 바로잡음입니다. 「증과」란 무엇을 말합니까? 우리들이 일진一眞을 누릴 수 있고 모든 보살처럼 정상적으로 누릴 수 있는 것을 「증과」라고 합니다.**

우리들은 지금까지 너무 오랫동안 미혹되어 있었고, 너무 깊이 미혹되어 있습니다. 부처님께서 우리들에게 경전을 강설하시고 설법하여 주셔서 우리들은 경전을 읽고 듣고 있지만, 여전히 깨달을 수 없습니다. 그 원인은 바로 너무 깊이 미혹되어 있고, 너무 오랫동안 미혹되어 있었기 때문입니다. 그렇지만 부처님께서는 우리들에게 깊이, 오랫동안 미혹되어 있었을지라도 두려워하지 말라고 말씀해주셨습니다. **'천년의 암실에 등불 하나를 켜면 흑암은 이내 사라져 버린다**(千年暗室 點一盞燈 黑暗就沒有了)' 라는 비유를 들어 잘 설명해주셨습니다. 이는 우리를 격려하시는 말씀일 뿐만 아니라 실재로 사실진상을 말씀하시는 것입니다. 그래서 부처님께서는 사람마다 모두 부처가 될 수 있다고 말씀하십니다.

미혹을 부수고 깨달음에 이르는 가장 효과적인 방법으로 염불하여 정토에 태어나길 구하는 것(念佛求生淨土) 보다 나은 것은 없습니다. 이 방법으로 우리들 범부도 이번 일생에 정말로 해낼 수 있습니다. 기타의 방법은 이론상으로도 문제가 없고, 방법상으로도 문제가 없습니다. 그러나 우리들 눈앞에 보이는 얼빠진 근기 성향을 지닌 사람의 경우에는 문제가 됩니다. 그들은 해낼 수가 없습니다. 문제는 여기서 발생합니다.

부처님께서는 우리들에게 허망이 어떻게 형성되는 것인지, 그것으로부터 어떻게 십법계·육도가 나타나는 것인지, 아무리 상세히 말해도 이루다 말할 수 없습니다. **『화엄경』에서는 무량한 인연을 말합니다.** 인연은 곧 **우리들 평상시 인과를 말하는 것으로** 인因·연緣 **·과果는 너무나 복잡하여 무량무변합니다. 무량한 인연이 마지막에 귀결하는 것은 세 가지 범주, 즉 망상·분별·집착입니다.** 이렇게 법을 말하면 여러분들은 잘 이해하실 수 있습니다.

망상이 있기 때문에 순수한 진실(純真) 속에 희망이 있습니다. 이것은 일진법계를 말합니다. 『화엄』의 화장세계華藏世界가 일진법계입니다. 부처님께서 우리들에게 41위의 법신대사님을 말씀하셨는데, 만약 순수한 진실이라면 41위는 어디서 나오는 것입니까? 41위가 있어 당연히 이 「진실」은 순수하지 않습니다. 서방극락세계는 일진법계입니다. 그렇지만 부처님께서는 우리들에게 서방세계에는 49

품이 있다고 말씀하십니다. 일진법계에 사토四土[3] 구품九品[4]이 있음은 순수한 진실이 아니라고 볼 수 있습니다. 이것은 바로 일진법계 중에도 결코 순수한 진실이 아니라는 것입니다. 그렇지만 그것은 필경 일진一眞인데 왜 그렇습니까? 그것은 단지 망상만 있을 뿐이고, 그것은 분별 · 집착이 없어 확실히 일진입니다.

일진법계로부터 십법계로 변합니다. 십법계 속에는 부처 · 보살 · 연각 · 성문(아라한)이 있는데 왜 이러한 현상이 있을까요? 부처님께서는 분별로부터 형성된 것이라고 말씀하셨습니다. 이로써 우리들에게 만약 여전히 분별이 있으면 당신은 결정코 십법계를 벗어나지 못함을 알 수 있습니다. 십법계는 큰 범위이자, 큰 영역입니다. 당신에게 분별심이 있으면 이를 결코 뛰어넘을 수 없습니다.

더 아래로 내려오면 더 내려올수록 엉망이 되는데, 바로 육도윤회六道輪回입니다. **육도윤회는 어디에서 옵니까? 집착으로부터 옵니다. 아라한 · 벽지불 · 보살에게는 분별은 있지만, 집착은 없다고 설명합니다.** 이것은 노란 꽃이다, 저것은 분홍 꽃이라고 분별할 수 있지만, 그들은 집착하지 않습니다. 무엇에 집착합니까? 탐애貪愛에 집착

---

3) 천태종天台宗에서, 깨달음에 이르지 못하고 번뇌에 시달리는 중생들의 세계를 넷으로 나누어 이르는 말. 곧 범성 동거토凡聖同居土, 방편유여토方便有餘土, 실보무장애토實報無障碍土, 상적광토常寂光土를 아울러 이르는 말이다.

4) 극락세계에 왕생하는 길로 상배(상품상생 · 상품중생 · 상품하생) 중배(중품상생 · 중품중생 · 중품하생) 하배(하품상생 · 하품중생 · 하품하생)로 나뉘는데, 『관무량수경』에 상세히 설해져있다.

합니다. 나는 이것은 좋아하고, 이것은 좋아하지 않는다. 만약 이런 생각을 움직이면 당신은 육도 아래로 떨어져버립니다.

육도六道 안의 중생은 집착이 있습니다. 사성四聖 법계 안에는 분별은 있지만 집착은 없습니다. 사성은 네 가지 등급으로 위로 올라갈수록 분별하는 생각이 가벼워지고 아래로 내려올수록 분별은 더 무거워 집니다. 천인 · 아수라 · 사람에서 삼악도에 이르기까지 육도 또한 이와 마찬가지입니다. 천인도 집착은 있지만, 우리보다 가볍습니다. 집착이 가장 무거운 것은 바로 지옥입니다. 육도의 등급은 집착이 가벼운가, 무거운가에 따라 변하여 이러한 경계가 나타납니다.

이로써 우리들이 **만약 육도윤회를 벗어나고 싶으면 일상생활에서 아무런 집착도 하지 말고, 분별하지도 말며, 우리와 아무런 상관이 없는 일에는 듣지도 않고 묻지도 않아 모든 일을 반드시 담담하게 보아야 함을 알 수 있습니다. 이런 일들을 마음속에 두면 큰일입니다. 이렇게 말하는 것이 바로 '알아차리고 내려놓아라!' 라는 말의 뜻입니다.** 이른바 「알아차림(看破)」은 사실진상을, 십법계 · 육도의 현상을 깊이 깨닫고, 육도에서 형성되는 인과因果를 명료하게 이해하여 그것이 어디서 오는 것인지? 어떻게 된 일인지? 아는 것입니다. 뚜렷이 분명히 이해한다면 좋은 것입니다. 명료하게 이해한 후에 그것을 마음속에 두지 않으면 이것을 「내려놓음(放下)」이라고 합니다.

이 세상에서 가장 내려놓기 어려운 것은 남에게 빚진 은혜와 원한의

채무입니다. 빚을 독촉하고 빚을 갚는 것과 은혜를 갚고 원한을 갚는 것은 가장 내려놓기가 어렵습니다. 만약 내려놓지 못하면 계속해서 육도윤회를 해야 함을 알아야 합니다. 부처님께서는 우리들에게 인과는 삼세三世에 통하는 것으로 한 생에 끝나지 않고 세세생생 이어진다고 말씀해 주셨습니다. 이 사실진상을 안다면 오랜 세월 어떻게 잘 지낼 것인지, 어떻게 사람과 관계를 맺을 것인지, 어떻게 일을 처리할 것인지 잘 알 수 있습니다. 예를 들면 남에게 빚진 돈은 반드시 갚아야 합니다. 왜 그렇습니까? 한평생 갚지 못하면 다음 생에도 갚고 갚아야지 그것으로부터 도망칠 수가 없습니다. 다른 사람이 당신에게 빚진 것이 있다면 독촉하지 않는 것이 좋습니다. 아미타부처님께서 당신을 서방극락세계로 접인接引하실 때 여전히 어떤 사람이 나에게 빚진 돈을 갚지 않았다는 생각이 든다면 극락세계로 갈 수 없습니다. 이 조그만 일을 위해 또 육도윤회를 해야 한다면 그 일은 해볼 만한 가치가 전혀 없습니다.

이것이 인과를 이해하는 것이고, 어떻게 법을 지어 보일 것인지를 깨닫는 것입니다. **다른 사람이 나에게 은혜를 입었다면 우리는 그것에 보답하고 은혜를 갚아야 합니다. 다른 사람이 우리와 원한을 맺었다면 우리는 그것을 청산하고 말끔히 씻어버려야 하며, 더 묻지 말아야 합니다. 원수인 상대를 만나도 머리를 끄덕이며 좋아하고, 여러 가지 옛날 일들을 기억하지 말며, 한 세월 매우 행복하게 지내는 것이 진정으로 이러한 이치를 이해하는 것입니다. 자기 자신이 응당 어떻게 사람과 관계를 맺어야 하는지, 응당 어떻게**

일을 처리해야 하는지 아는 것을 「수행修行」이라고 합니다.

우리들은 수행을 통해 존재하는 모든 잘못된 관념 · 잘못된 사상 및 방법을 바로잡을 수 있습니다. 마음을 일으키고 생각을 움직이는 모든 것에서 자신은 생각하지 않고 중생에게 생각이 미치고 대중에게 생각이 미쳐서, 자신은 매일 배불리 먹고 따뜻하게 입으며 작은 집이 있어 비바람을 가릴 수만 있다면 만족합니다. 인생은 매우 짧은 시간, 잠시 이 세상에 머물렀다 가는 것입니다. 실제로 생활이 간단할수록 행복하고 즐거우며, 자신이 지는 부담도 매우 가볍고 마음도 쉽게 청정을 얻습니다. **만약 당신이 세상의 오욕육진五欲六塵[5]을 누리는 것에 탐내는 마음을 낸다면 지불해야할 대가가 너무나 큽니다. 어떤 대가를 지불해야 합니까? 망상 · 분별 · 집착입니다.**

이러한 것들은 모두 사실입니다. 꼼꼼히 관찰하시고 꼼꼼히 사유하시면 명료하게 이해하실 것입니다. 그래서 총명한 사람들은 불보살의 생활과 제불보살께서 보여준 삶을 돌이켜 보면 바로 우리들에게 가장 좋은 생활의 모범이 되어주셨고, 우리들에게 사리에 밝은 사람이 되라고 가르쳐 주셨음을 깨닫게 됩니다. **부처님 공부(學佛)는 실제로 사람에 대해, 일에 대해, 사물에 대해 그리고 과거 · 현재 · 미래의 인연과보에 대해 뚜렷하게 분명하게 이해하여 사리에 밝은 사람이 되는 법을 배우는 것입니다.**

---

5) 중생의 참된 마음을 더럽히는 여섯 가지. 색(色), 성(聲), 향(香), 미(味), 촉(觸), 법(法) 육진을 누리는 것. 총괄하여 세속적인 인간의 욕망을 말한다. 오욕은 불도를 닦는 데 장애가 되는 다섯 가지 욕심. 재물, 섹스, 음식, 명예, 수면을 일컫는다.

이 한 가지 일은 말하기는 쉬워도, 행하기는 무척 어렵습니다. 방금 말했듯이 이 속에는 복잡하고 무량무변한 인연의 뒤섞임이 있어 그것을 깨달을 방법이 없으므로 우리는 어디서부터 시작해야 할지 모릅니다. 경전과 논서가 너무나 많아서 어디서부터 읽어야 할지 모릅니다. 어디서부터 배우기 시작해야 할지 모른다는데 어려움이 있습니다. 그래서 부처님 공부는 반드시 선지식과 가깝게 지내야 하고, 그곳에 다녀온 경험자(過來人)[6]와 가깝게 지내야 합니다. 그들은 자신이 수학한 경험을 우리들에게 참고하라고 제공할 수 있습니다.

여러 가지 서적 가운데 **부처님 공부에 입문할 때 가장 먼저 시작하기에 좋은 책은 『요범사훈了凡四訓』입니다.** 그것은 비록 부처님 경전이 아닐지라도 인광대사께서 세상에 계실 때 한평생 온 힘을 다해 제창하신 책입니다. 이 책 속에서 말하고 있는 도리와 말하고 있는 방법들은 모두 부처님께서 경전과 논서 가운데 선설宣說하신 것들입니다. 그래서 비록 노화상께서 정토종의 조사일지라도 한평생 염불인의 모범이 되도록 하시고, 온힘을 다해 이 시대를 구하기 위해 대자대비의 마음으로 이 한권의 책을 유통하자고 제창하셨습니다. 우리들은 어떤 모범이 이 시대 자신을 구제하고, 사회를 구제하며, 이 세계를 구제할 것인지에 대한 노법사님의 고심을 깊이깊이 체득해야 합니다.

---

6) 석가모니 부처님께서 자신을 「그곳에 다녀온 적이 있는 자(如來)」라고 부르셨다.

관음보살이 능엄회상에서 말한 그가 수행한 방법이
「듣는 것을 돌이켜서 듣는 성품을 듣는 것(返聞聞自性)」입니다.
불상을 보아 자성각自性覺이 생각나면
「듣는 것을 돌이켜서 듣는 성품을 듣는 것」입니다.
일체 경서를 보면 자성정自性正이 생각나니,
자성정은 법보法寶입니다.
출가한 사람을 보면 자성청정自性清淨이 생각나니,
자성청정은 승보僧寶입니다.
-정공법사의 '당생성불' 중에서

당신은 『요범사훈』을 따라 행해야 합니다. 이 방법을 다른 사람에게 재차 소개한다면 당신은 보살도를 행하는 것입니다. 경전과 논서는 이곳저곳 흩어져서 말하고 있고, 매우 많이 매우 넓게 말하고 있습니다. 만약 상세히 설명해주는 사람이 없다면 이따금 집중하지 못할 뿐만 아니라 비교적 깊이 말하고 있는 대의大義도 소홀히 넘겨 버릴 것입니다. 『요범사훈』은 경전 가운데 이러한 부분들의 정화(精華; 핵심)에 집중하여 상세히 설명하고 있다고 말할 수 있습니다. 이것이 이 책이 지닌 좋은 점으로 우리들은 마땅히 이것을 「논서」로 삼아 읽어볼만한 가치가 있습니다.

불교 내에서 논서는 두 가지가 있는데, 하나는 석경론釋經論이고 하나는 종경론宗經論입니다. 석경론은 경전을 해석한 논서이고, 종경론은 경전 속의 중요한 사상을 그것으로 발휘하는 것입니다. 『요범사훈』은 『유가사지론瑜伽師地論』, 『대승기신론大乘起信論』과 마찬가지로 종경론이나 다름없습니다. 이들은 모두 종경론에 속하는 것으로 여래의 진실한 가르침에서 벗어나지 않습니다. 그래서 우리들은 응당 인광대사님께서 제창하신 미완의 사업을 계속 힘껏 제창하고, 진지하게 노력하며 가르침대로 받들어 행하여야 합니다.

대만에서는 이 사업을 요 몇 년 동안 매우 적극적으로 해왔습니다. 녹음테이프를 유통시켰을 뿐만 아니라 현재는 시디CD를 제작하였습니다. 그리고 몇몇 동수 여러분께서는 매우 얻기가 어려워 이것을 라디오 방송극 방식을 제작하여 전파하기로 발심하였습니다. 이는 여러분들이 듣는다면 더욱 흥미가 있을 것입니다.

저 (육도윤회를 벗어난) 극락세계에 태어나고자 하는 이는 마땅히
삼복을 닦아야 하느니라.
그 첫째는 부모님께 효도 봉양하고, 스승과 어른을 받들어 모시며,
자비로운 마음으로 살생을 하지 말고, 열 가지 선업을 닦아야 하며,
둘째는 삼보를 받아들이고 늘 기억하여, 온갖 계행을 구족하고
위의를 범하지 않아야 하며,
셋째는 보리심을 발하고, 깊이 인과를 믿으며, 대승경전을 독송하고,
권면하고 이끌어주어야 하나니, 이 같은 세 가지 일을 극락세계에
왕생하는 청정한 업이라 이름하느니라.
-관무량수경

말법시대에는
수없이 많은 사람들[億億人]이
수행을 하더라도
한 사람도
도를 얻기 어려우니,
오직 염불을 의지해야만
생사윤회를 벗어날 수 있다.
- 《대집경(大集經)》

현재 이 시대에 저는 이와 같은 홍법弘法이 매우 필요하다고 느낍니다. 만약 설법사가 경전을 강의할 때 한 두 시간동안 판에 박은 듯 하나의 화면만 사용하면 정말로 도심道心이 있는 사람이 아니고서는 좋아하지 않아 그만 볼 것입니다. 만약 질의응답이 있는 라디오 방송극 형식을 사용하면 비교적 마음이 홀가분해져서 마치 연구토론회를 참관하고 견학하는 것 같이 살아있는 느낌이 더 많이 들 것입니다. 현재 이 시대에 불법을 전파하기 위해서는 여러 가지 개선이 필요합니다.

『요범사훈 강기』는 여전히 적은 분량이 아니지만, 원문은 분량이 많지 않습니다. 저의 강기講記가 원문에 비해 몇 배나 되는지 모르나, 여러분께서 이렇게 두꺼운 책을 본 후에 집에서 아이들에게 배우도록 가르치고 동시에 중국어도 배울 수 있다면 가장 바람직하리라 봅니다. 중국어를 배울 때 어떤 책을 읽는 것이 가장 좋겠습니까? 『요범사훈』을 읽는 것이 가장 좋습니다. 부처님 공부를 하기 위해서는 『무량수경강기無量壽經講記』[7]를 읽는 것이 가장 좋습니다. 중국어를 배우는 것은 이런 책들로부터 배우는 것이 좋습니다. 이들 문자는 모두 백화문으로 매우 알기 쉽고, 어렵지 않습니다. 명료하게 이해한 후 반드시 그 방법이나 이치를 자신의 일상생활에 응용하여야, 진정으로 이득을 얻고 진정으로 이익을 누릴 것입니다. 그것은 우리들이 우주와 인생의 진상을 알아차리고 명료하게 이해할 수 있도록 도와서 그런 후에야 우리의 생활방식도 제불보살께서 신통에 노니는[8] 진실한 자재쾌락自在快樂을 따라 학습할 수 있습니다. 우리들이 이 세상에서 생활하고 있는 것은 자신을 위함이 아니고 중생을 위함입니다. 자신의 매우 쓰라린 고통을 이겨내기 위함이고, 중생에게 매우 큰 쾌락을 베풀기 위함입니다.

왜 그렇습니까? 자신을 위하면 득실의 마음이 있습니다. 이해득실만 따지는 것은 너무나 고통스럽습니다. 중생을 위하면 자신에게는 득실이 없지만, 일을 성공적으로 하고 원만하게 하면 중생에게 복이 있습니다. 원만하지 않고 성공하지 못하더라도 자신에게 과실이 없습니다. 오히려 마음이 홀가분해지고 아무 일도 없다고 느낍니

7) 국내에는 『무량수경 친문기』(삼보제자), 『무량수경 심요』(비움과소통)가 번역되어 있다.

8) 『법화경』「신해품 제4」 참조. 「보살법인 신통에 노닐고·불국토를 청정히 하며·중생을 성취하는 일(於菩薩法 遊戲神通 淨佛國土 成就衆生)에」

다.「아무리 좋은 일이라도 아무 일 없는 것만 못하다(好事不如無事)」[9] 란 이 한 마디 말은 매우 일리가 있는 말입니다. 그렇지만 잘못 이해해서는 안 됩니다. 아무리 좋은 일이라도 아무 일이 없는 것만 못하다고 하여, 아무 일도 하지 않고 모든 일을 회피한다면 이 글귀의 뜻을 잘못 이해한 것입니다.

인연이 함께 모이면 반드시 해야 합니다. 인연이 없다고 구하지 않는다면 설사 당신이 법을 펴고 중생을 이롭게 하더라도 잘못 이해한 것입니다. 제가 "아무리 좋은 일이라도 아무 일 없는 것만 못하므로 저를 초청하여도 가지 않겠습니다."고 말한다면 이러한 관념은 바로 착오입니다. 이곳에 도량이 없어서, "도량을 세우고 저를 초청하여 경전 강설을 하십시오."라고 선동한다면 이는 당연히 쓸데없는 일로 할 수 없습니다. 그런 방법은 바로 반연攀緣[10]입니다. **인연에 따르면 자재하고, 인연에 매이면 매우 쓴 고통입니다. 그래서 일체 모든 인연이 갖추어져 있으면 응당 해야 하는 일이고, 이 일을 잘 하도록 열심히 노력하여야 합니다. 인연이 갖추어져 있지 않으면 절대로 강요해서는 안 됩니다. 이러한 이치를 알면 우리는 모든 일에 자재할 수 있습니다.**

---

9) 명나라 진계유의『다소잠多少箴』에 실린 글임.「유리했던 일은 다시 하지 말고, 좋은 일도 아무 일 없는 것만은 못하다고 여기라便宜勿再往 好事不如無」

10) 반연攀緣 ; 얽혀서 맺어지는 인연이라는 뜻. 문맥에 따라 1) 도 닦는 것을 방해하는 얽히고 설킨 복잡하고 쓸데없는 일들, 2) 의지함 3) 사물을 아는 것 3) 기대고 인연을 맺음 5) 얽힌 인연 6) 집착의 대상이 되는 인연경계 7) 달라붙어 움직이지 못하게 하는 인연 등의 뜻으로 사용됨.

그래서 **생활 및 생활환경, 이것이 우리가 평상시 말하는 「우주와 인생」입니다. 이것을 진정으로 명료히 이해하고 진정으로 안다면 일마다 모두 진상**真相**과 상응하여 자재합니다. 제불보살의 생활은 이러한 경계를 우리들에게 보여주지 않음이 없습니다. 특별히 『화엄』이 그러합니다.** 작년 한 관장님께서 대만에 돌아오셔서 뜻밖에도 『화엄경』을 강설해달라고 저를 찾았습니다. 이것은 제가 생각하지도 못한 일이었습니다. 관장님의 병이 위중하실 때 다시 한번 요구하시고, 화엄경을 원만하게 강설할 수 있기를 희망하셨습니다. 관장님께서도 이 경전이 너무 두껍고 분량이 매우 많아서 원만하게 강설하는 것이 너무나 쉽지 않다는 것을 알고 계셨습니다. 만약 매일 한 시간 반씩 강설하면 작게는 5년을 강설해야 하고, 이렇게 강설해도 대략 강설하는 것이고 상세하게 강설할 수는 없습니다.

옛날 청량대사清涼大師께서 (화엄경을) 한평생 50회 강설하셨는데, 그 어르신께서 장수하시어 백 수십 세까지 사셨다고 합니다. 법을 강설하신 곳도 절이고, 출가대중에게 강설하셨습니다. 출가대중은 일이 없어 학교에 가는 것과 같습니다. 하루에 8시간 강설하는 것은 정말로 보통 사람이 할 수 없는 것입니다. 하루에 8시간 넘도록 1년에 책 한권을 강설하는 과정은 결코 쉽지 않습니다. 하루에 8시간을 강설하면 1년에 1권을 강설하고, 하루에 2시간씩 강설하면 책 1권을 강설하는데 4년이 걸린다는 것을 이해하실 것입니다. 만약 1시간 반 강설한다면 어찌 5, 6년이 걸리지 않겠습니까? 날마다 중단해서는 안 됩니다. 그래서 이 경전을 원만히 강설하는 것은 상당히 어렵습니다.

중국불교사에서 모든 경전은 그것을 강설한 법사에 대한 기록은 없습니다. 그렇지만 『화엄경』을 강설한 법사는 불교역사상 기록이 남아 있습니다. 이것은 우리 절집에서 큰 불사입니다. 그래서 반드시 한 곳에서 움직여서는 안 되고 오랜 세월이 지나야 이 경전을 비로소 원만히 강설할 수 있습니다. 『화엄경』은 불법에서 확실히 근본법문이자 불법의 근본법입니다. 이 속에 담긴 의리義理는 일체법문에 통하므로 『화엄』을 배우면 하나의 종宗, 하나의 파派에 모두 관통할 수 있습니다. 그것의 이론은 완비되어 있어 원만하고, 수행방법은 너무나 주도면밀하고 상세합니다. 그중에서도 다같이 2천여 종의 방법을 강설하고 마지막으로 염불법문으로 매듭짓습니다.

『화엄』에서 덕운德雲 비구는 『사십화엄四十華嚴』에서 길상운吉祥雲 비구라고 하는데, 번역한 사람은 같지 않고 번역한 명사도 같지 않지만 동일한 사람이니, 덕운이 곧 길상운입니다. 그는 선재善財 동자에게 21종의 염불법문을 설하고 있습니다. 이 21종이 펼쳐져 모든 법문을 포괄하니, 바꾸어 말하면 어떠한 종류의 법문도 모두 염불법문 아닌 것이 없습니다.

염불, 우리는 오늘날 이 두 글자를 보면 당장 염주를 잡고 싶습니다. 「아미타불」, 「아미타불」 이것을 염불이라 합니까? 그렇지만 덕운 비구께서 열어 보이신 법문은 이 뜻이 아닙니다. 염주를 잡고서 「아미타불」을 염하는 것은 일체 염불법문 중의 한 가지입니다.

실은 염불, 「염불念佛」 이 두 글자의 뜻을 이해해야 합니다. 무엇을 「염念」이라 합니까? 무엇을 「불佛」이라 합니까? 불佛은 곧 깨달음(覺)으로 그것은 인도 말을 번역한 것입니다. 염念은 현재의 마음입니다. 중국어 「염念」자를 보면 「지금(今)」 「마음(心)」은 바로 현재의 마음입니다. **현재 일념의 마음(一念心)이 깨어있고 미혹하지 않음을 「염불念佛」이라고 합니다.** 반드시 염주를 잡을 필요는 없습니다. 「아미타불」·「아미타불」, 우리는 날마다 「아미타불」·「아미타불」 염불하지만 여전히 미혹에 빠져 있고 깨어있지 못하면 「염불」이라고 하지 못합니다. 그래서 고인께서는 "목이 상하도록 불러도 헛수고다"라고 말씀하신 것입니다.

왜 그렇습니까? 염불이 없기 때문입니다. 「염」은 '지금 마음'이고 「불」은 '깨어있음'입니다. 나의 현재 마음이 깨어있지 못하면 여전히 미혹되고, 전도되어 있습니다. 염불을 얻는 것은 목에 있는 것이 아님을 알 수 있습니다. 입으로 염한다면 더욱 더 "목이 상하도록 불러도 헛수고입니다." 그래서 **정종淨宗에서 말하는 염불은 「상응相應」을 말하는 것입니다. 한 생각이 상응하면 한 생각이 부처이고, 생각생각이 상응하면 생각생각이 부처입니다(一念相應一念佛 , 念念相應念念佛). 우리가 오늘 염불해도 상응하지 못하면 그것은 쓸모가 없습니다.**[11)]

11) "내 마음이 곧 관세음이고, 관세음이 곧 내 마음이다. 따라서 밖에서 비치던 관세음보살이 내 마음 안에 들어와 하나가 되는 것이다. 이런 관계를 해입상응解入相應이라 한다. 밖에서 들어온 관세음보살(入)과 중생 본래의 마음(解)이 서로 하나가 된다(相應)는 뜻이다." 고익진,

무엇을「상응相應」이라 합니까? 바로 깨달음과 상응입니다. 현재의 마음이 깨어있어 미혹하지 않고, 입으로 염하는 마음(口念心)이 깨어있으면 이것이 상응입니다. 입으로 염하는 마음이 미혹하면 상응하지 않습니다. 마음은 왜 미혹에 빠집니까? 마음이 여전히 옳고 그름, 남과 나, 탐·진·치·교만에 빠져있으면 상응하지 않습니다. 엄격히 말하면 깨달은 마음(覺心) 속에는 망상·분별·집착이 없습니다. 우리는 입으로 부처를 염하고도 여전히 마음속으로 망상·분별·집착이 있어서, 고덕께서는 우리에게 "목이 상하도록 불러도 헛수고다"라고 하신 것입니다. 비웃는 것이 아니라, 고덕께서 말씀하신 것은 사실입니다.

우리는 모두 상응하지 못하고 평상시「한 생각이 상응하면 한 생각이 부처」라고 말해도 누구와 상응하였는지 모릅니다. 이것이 우리가 입으로 부처님을 염한 것이 아니겠습니까! 마음속으로 부처님을 생각하면서 아마도 상응하였을 것이야 라고 하지만, 실은 아직 진실한 상응이라 인정하지 못합니다. **진실한 상응은 각성覺性과 상응하는 것으로『무량수경』의 경전 제목에서 말씀하신「각·정·정(覺正淨)」일 뿐입니다. 당신이 이 세 글자와 상응하면 진실한 염불입니다. 경전의 제목인「청정淸淨·평등平等·각覺」, 이것과 상응해야 비로소 행하는 것이고,「아미타불」소리 소리마다 모두 청정·평등·각입니다.**

「청정」은 집착이 없는 것입니다. 집착이 있으면 당신의 마음은 틀림없이 청정하지 못합니다. 「평등」은 분별이 없는 것입니다. 분별이 있으면 절대 평등하지 않습니다. 「각」은 바로 망상이 없는 것입니다. 잘 보십시오. 이 세 글자가 우리의 망상·분별·집착을 깨뜨리는 것입니다. **「각」은 망상을 깨뜨리고, 「평등」은 분별을 깨뜨리며, 「청정」은 집착을 깨뜨립니다. 소리 소리마다 부처님 명호가 청정·평등·각과 상응할 수 있어야 「한 생각이 상응하면 한 생각이 부처이고, 생각 생각이 상응하면 생각 생각이 부처입니다.」라고 할 수 있습니다.** 『무량수경』, 이 경전의 제목은 너무나 좋고, 하련거 거사님의 회집도 정말로 좋습니다. 경전 제목의 원문은 늘리지도 않고 줄이지도 않았습니다. 이 회집은 진실한 공부가 이루 말할 수 없어 최고입니다.

우리 염불은 이와 같은 염법念法, 이 염법이 필요합니다. 당신은 꼭 진정으로 알아차리고, 내려놓아야 합니다. 세상의 인연이 가상(假)임을 알고서 일체 인연에 따라 일체 모두 분별하지 않고, 모두 집착하지 말며, 일체 그것에 따라 가면 당신은 비로소 진정으로 자재함을 얻을 수 있습니다. 반드시 세상 그 무엇도 짊어지고 가지 않고, 이 육체도 짊어지고 가지 않음을 뚜렷이 인식하여야 합니다.

임종 때에 이르러 비로소 짊어지고 가지 않음을 깨달아 봐야 늦었습니다. 시간적인 여유가 없습니다. 지금 깨달아야 하고, 지금 내려놓아야 합니다. 당신은 정말로 내려놓을 수 있고, 정말로 대자재를 증득할 수 있습니다. 당신이 지내온 나날들은 곧 범부의 나날이 아니라 불보살의 나날입니다. 정말로 범부의 삶을 뛰어넘어 고귀한 성인의 삶속으로 들어갈 수 있습니다(超凡入聖)[12].

그런 다음 우리는 자신을 제도할 수 있는 능력이 생깁니다. 자신이 어떻게 생활해야 하는지, 자신이 어떻게 해야 하는지 알게 됩니다. 그래야 다른 사람도 제도할 수 있고, 어떻게 다른 사람을 도와야 하는지 알게 됩니다. 이런 인생은 비록 진실(眞)이 아니고 가상(假)일지라도 이 가상의 한평생도 매우 의미가 있고 가치가 있습니다. 우리는 의미와 가치가 중생이 말한 것을 수순하는 것이라고 말합니다. 만약 자신이 한평생 매우 의미가 있고 매우 가치가 있다고 느낀다면 당신은 또한 분별·집착하여도 하나의 분별·집착이 곧 육도六道 속의 복보福報로 바뀝니다. 다음 생에 선한 과보를 얻고, 복을 누립니다. 곧 이것으로 바뀝니다.

이 같은 의미와 가치는 확실히 존재합니다. 다만 우리 자신이 분별이 없고 집착이 없다면 말입니다. 『금강경』에서는 「만약 그 일이 없다면(若無其事)」[13]라고 말하고 있습니다. 당신이 곧 (복덕을) 뛰어넘으면,

---

12) 지금 일어나는 한 마음을 범凡이라 하고, 이를 알아차리고 내려놓는 마음을 성聖이라 한다.

13) 강미농江味農 거사의 『금강경 강의』에 대한 정공 법사님의 해설서인 『금강경강의절요술기金剛經講義節要述記』에 나오는 글귀임. 「아무것도 하는 일이 없음(一無所爲)은 바로 상相에 집착하지 않는 것입니다. 마음속에 어떤 일도 없고 만약 그 일이 없다면(若無其事) 일에 관해서 매우 진지하고 매우 노력하는 자세로 임하므로 잘못을 하지 않습니다. 비록 진지하게 노력하며 피곤하지도 싫증내지도 않고 일할지라도 마음속에 만약 그 일이 없다면 전혀 이러한 일이 없습니다. 제불보살께서 범부와 다른 점이 바로 여기에 있습니다. 우리들이

뛰어넘은 후 지금 바로 공덕으로 바뀝니다. 당신은 공덕과 복덕이 곧 한순간의 마음에 달려있음을 봅니다. 당신이 행한 이 일은 보통사람이 이야기하는 말로, 매우 의미가 있고 매우 가치가 있습니다. **만약 분별·집착이 있다면 곧 복덕이고, 분별·집착을 여의면 공덕입니다.**

육조혜능六祖惠能대사께서는 『단경壇經』에서 말씀하셨습니다.[14] 공덕은 생사를 깨쳐 삼계三界를 벗어날 수 있지만, 복덕은 그럴 수 없습니다. 한 일은 같은 일이지만, 바로 한순간의 마음에 달려 있습니다. 어떻게 하면 우리가 한평생 닦은 복덕이 무량한 공덕으로 바뀝니까? 당신은 바꾸어야 합니다. 어떻게 바꿉니까? 분별하지 않고 집착하지 않으면 바뀌니, 곧 이러한 한 점 한 점에 범부와 성인은 터럭만큼의 간격도 없습니다. 우리들은 옛날 대덕의 저술에서 언제나 한마디 말씀을 보지만 어떠한 의미도 이해하지 못합니다. 정말 명백히 깨달으면 정말로 터럭만큼의 간격도 없어지고, 곧 이러한 관념상의 바꿈(轉變)으로 우리는 대자재를 얻고 진실한 이익을 얻을 수 있습니다. 이 진실한 이익은 육도六道를 뛰어넘을 수 있을 뿐만

부처님 공부를 하고 싶을 때 확실히 기억해야 하는 것은 그로부터 이 점을 배워야 한다는 것입니다.」

14) 『육조단경』의 말씀 참조. "선지식아, 생각 생각에 간격이 없는 것이 공이요, 마음이 평등하고 곧은 것을 행하는 것이 덕이며, 스스로 성품을 닦는 것이 공이요, 스스로 몸을 닦는 것이 덕이니라. 선지식아, 공덕은 모름지기 자성을 안으로 보는 것이요, 보시나 공양으로 구해지는 것이 아니니라. 그러므로 공덕과 복덕이 다르니, 양무제가 진리를 알지 못함이요 우리 조사님(달마대사)의 잘못이 아니니라."

아니라 십법계十法界도 뛰어넘습니다. 이와 같은 염불로써 정토에 태어나길 구하면 각자 성공하고, 왕생할 때 품위品位도 틀림없이 뛰어납니다.

한 관장님께서는 부처님의 접인을 받아 왕생하셨습니다. 우리들은 오늘 그녀가 왕생하는 것을 배웅하기로 그녀와 약속하였습니다. 우리도 장래 왕생할 때 그녀는 틀림없이 아미타부처님과 함께 마중나와 우리를 접인하실 것입니다. 이에 관장님께서도 동의하시고, 매우 기뻐하실 것입니다. "좋아요, 우리는 이렇게 약속했습니다." 보통사람이 죽을 때 우리는 늘 「죽어서 묻힐 곳(九泉之下)」 「지하에 아는 사람(地下有知)」을 말합니다. 한 관장님께서는 「상적광토 가운데(常寂光中)」 왕생하셨으니, 이와는 완전히 다릅니다. 이렇다면 어떻게 한평생 쌓은 복덕이 공덕으로 바뀌는지를 이해하여야 합니다. 관장님이 병에 걸렸을 때 저는 그분에게 늘 생각을 바꾸라고 가르쳤습니다. 저는 그분에게 여러 차례 말씀드렸고, 그분이 받은 인상은 매우 깊었습니다. "아, 또 저에게 말씀해주시는군요." 인상이 틀림없이 깊어야, 모든 인연을 내려놓을 수 있고, 분별 · 집착을 버릴 수 있으며, 일평생 쌓은 복덕이 완전히 성공(왕생성취)으로 바뀝니다.

당신이 과거에 닦은 복덕은 대수롭지 않습니다. 어느 때라도 바꾸어서 이전의 것을 전부 다 바꾸어야 합니다. 단지 오늘만 바꾸는 것이 아니라, 어제 것도 바꾸지 않으면 안 됩니다. 확 바꾸십시오. 모두 다 바꾸십시오. 이것은 너무 너무 중요합니다. 여러분이 이 이치를 명백히 알면 우리들 한 사람 한 사람이 모두 무량공덕을 쌓을 수 있음을 깨달을 수 있습니다. 단지 일생일세에서 뿐만 아니라 과거 세세생생 닦은 것이 한순간에 완전히 바꾸기만 하면, 당신의 공덕은 불가사의합니다. "야, 나는 좋은 일이라곤 한 게 없었네." 라고 깨달을 필요가 없습니다. 확 바꾸기만 하면 공덕은 불가사의합니다.

염불은 공덕을 쌓는 것입니다. 『아미타경』에서는 「적은 선근 · 복덕 · 인연으로는 저 국토에 태어날 수 없느니라.」라고 설하고 있습니다. 이 속에 모두 다 갖추어져 있습니다. 이 글귀는 몇몇 인식하지 못한 글자와 들어보지 못한 가르침을 설명하고 있습니다. 이는 마치 담허倓虛 노법사께서 우리들에게 말씀해준 몇몇 사람들의 몇 가지 왕생사례15)와 같습니다. 무엇 때문에 병에 걸리지 않고, 서서 가기도 하고, 앉아서 가기도 하며, 때가 이르렀음을 미리 알 수 있었을까요? 여러분들은 제가 오늘 말씀드리는 이야기를 명백히 알면 그들의 선근 · 복덕 · 인연이 불가사의하였음을 이해하게 될 것입니다.

이번 일생에 비록 가난하고, 심지어 너무나 비천하며, 지위도 없고 기연機緣도 없어 중생을 이롭게 하는 일을 한 적도 없지만, 그는 과거 생 중에 누겁 이래로 닦은 복덕을 한 생각에 바꾸고, 모두 다 바꾸었습니다. 당신 생각에 그는 이번 일생에 알아보지 못했습니다. 과거 생에 당신은 보지 못했습니다. 확 바꾸고, 모두 다 바꾸십시

15) 『불력수행』 (비움과소통), 제4부 염불론 참조

오. 망상 · 분별 · 집착을 내려놓기만 한다면 바뀔 것입니다.

그래서 우리들은 생활 속에서 사람과 관계를 맺고, 일을 처리하며, 사물을 대할 때 오욕육진 속에서 구태여 여전히 다시 분별 · 집착을 할 필요가 있겠습니까? 과거에는 이러한 이치를 명백히 몰랐고, 이러한 이해를 깨우치지 못하여서 제멋대로 헛된 짓을 저질렀습니다. 현재는 뚜렷하고 명백히 이해하여 보살이 되어야 합니다. 보살이 되면 사리에 밝은 사람이 됩니다. 다시는 어리석은 일을 저지르지 않는 이가 보살입니다. 보살은 보통사람과 똑같이 옷도 입고 식사도 하며 예전 그대로 일하지만, 생각이 다를 뿐입니다. 생각이 달라서 과보가 같지 않고, 몸과 마음이 건강합니다.

그래서 저는 늘 우리들은 병에 걸리지 않을 수 있다고 말합니다. 한 관장님께서 병원에 계시며 매우 괴로워하시는 것 같아서 저는 그녀에게 말했습니다. "체력이 이처럼 쇠약하신 것은 양약을 50년간 먹은 부작용입니다." 그녀는 고개를 끄덕이며, "맞아요."라고 말했습니다. 이렇게 말하는 것은 무슨 뜻입니까? 양약을 먹지 말라는 뜻입니다. 양약을 먹은 결과가 이와 같습니다. 한 관장님께서는 우리들에게 보라고 표연表演하셨습니다. 그분은 자비심으로 몸으로 나타내어 설법하셨습니다. 실제로 어쩔 수 없이 약을 먹어야 한다면 한약은 부드럽기 때문에 먹어도 괜찮습니다만, 가장 좋은 것은 약을 먹지 않는 것입니다. **만약 병이 있다고 느끼면 어떻게 치료할까요? 탐 · 진 · 치를 끊고, 망상 · 집착을 끊으십시오. 왜냐하면 이것이 병의 뿌리이고 존재하는 일체의 질병 · 병독의 근원이기 때문**

입니다. 진성眞誠 · 청정 · 자비로 이것을 끊어버리거나, 이것을 약하게 하면 이것이 가장 좋은 자양분으로 우리들의 체력을 회복시켜줍니다.

이 방법을 써보십시오. 모두 생각을 바꾸는데 있습니다. 이해가 되십니까? 부처님께서는 "일체법은 마음에서 생긴다(一切法從心想生)"고 말씀하셨습니다. 이것이 바로 우리가 근거하는 원리입니다. 『화엄경』에서는 "오직 마음이 나타난 것이고, 오직 식이 변한 것이다(唯心所現. 唯識所變)"라고 하셨습니다. 이것이 부처님께서 우리들에게 알려주신 가장 기본적인 원리원칙입니다. 우리들이 이 말씀을 들은 후 생활에 응용하고, 병을 치료할 때 응용하며, 신체 건강에 응용하면 우리들은 양생養生하여 의약품에 기대지 않아도 됩니다.

우리들은 무엇에 의지해야 합니까? 탐 · 진 · 치를 끊고, 진성眞誠 · 청정 · 자비를 닦으면 됩니다. 이것은 불법에서 가장 높은 수준에 도달하는 양생의 길로 세간과 출세간에서 이것과 견줄 수 있는 것은 없습니다. 잘 보십시오. 자고이래로 진정한 수행인, 진정한 대덕들께서 일상적으로 드신 것은 보잘 것 없는 음식이었습니다. 우리들 지금 사람들이 만약 가지고 가서 검사 분석해보면 영양이라고는 전혀 없습니다. 오늘날 이러 저러한 영양을 연구하는 것은 모두 망상 · 분별 · 집착입니다. 그들은 지난 세월을 모두 망상 · 분별 · 집착에 빠져 살았습니다. 불보살님들은 이런 것들을 멀리하여, 늙지도 병들지도 죽지도 않습니다. 그들은 매우 자재하게 가십니다. 언제라도 가고 싶으시면 언제라도 가시고, 앉아서도 서서도 가십니다.

제가 계戒를 받을 때 계를 주신 화상은 도원道源 노법사이셨습니다. 우리들에게 고사故事 하나를 들려주셨는데, 이것은 거짓이 아니라 진실입니다.

한 수행인이 있었는데, 그는 왕생할 때가 되었음을 미리 알고서 가겠다고 말하려 대중을 소집하였습니다.

그가 대중에게 묻기를, "왕생할 때 앉아서 가는 사람이 있다는데, 너희들은 알고 있느냐?"

다들 말하길, "알고 있습니다, 들어본 적이 있고, 본 사람도 있습니다."

또 묻기를 "서서 가는 사람도 있는가?", "있습니다."

그는 넘어져, 머리는 아래로 다리는 위로 향해 한번 공중제비를 하였습니다. 그는 묻기를 "이렇게 가면 본적이 있겠는가?" 다들 답하길, "들어 본 적이 없습니다."

(보살법인) 신통에 놀았으니, 정말로 대자재를 얻었습니다.

그렇다면 생각해보십시오. 그는 할 수 있지만, 우리는 무엇 때문에 할 수 없습니까? 할 수 없는 원인은 망상 · 분별 · 집착을 버리지 못하고, 가르침에 따라 받들어 행하지 않았기 때문입니다. 그래서 우리는 십법계의 의정장엄依正莊嚴을 깊이깊이 믿어야 합니다. 「오직 마음이 나타난 것이고, 오직 식이 변한 것이니라.」 이것은 부처님께서 『화엄경』에서 말씀하신 것입니다. 대승경전 안에서 부처님께서는 "일체법은 심상을 따라 생하느니라(一切法從心想生)."라고 말씀하셨습니다. 당신은 이 글귀의 뜻을 정말 분명히 알아야 하고, 어떤 의문도 지녀서는 안 됩니다. 그래서 부처님께서는 「의지함이 없는 도인(無依道人)」이라고 합니다. 다른 사람에게 의지하지 않고 완전히 자신에게 의지하고 있으니, 이를 불법에서는 "정수리로 하늘을 떠받치고 땅 위에 우뚝 서다(頂天立地)"라고 말합니다.

"남에게 의존하지 말라." 부처님께서는 우리에게 진실한 말씀을 들려주십니다. 이 같은 가르침은 진실한 가지加持이고 진정한 보우保佑입니다. 다른 사람에게 의지하지 마십시오. 그 누구도 믿을 수 없으며, 마지막에는 모두 허사입니다. 당신은 모두 슬픔에 빠지고, 의지할 곳을 잃어버립니다. 꼭 자신에게 의지하여야 합니다. 자기의 진성 · 청정 · 자비에 의지하여야 합니다. 만약 『무량수경』을 말한다면 청정 · 평등 · 각에 의지하면 됩니다.

청정 · 평등 · 각이 바로 자성미타自性彌陀이고, 변하여 나타난 경계가 바로 유심정토唯心淨土입니다. 유심정토가 바로 일진법계一真法界입니다. 실보장엄토實報莊嚴土는 허망한 것이 아니라 진실입니다. 십법계는 진실이 아니라 허망한 것입니다. 그래서 동수 여러분께서는 이러한 경전의 글귀에 착안하고, 이들 부분에서 체득하며, 체득하여 얻은 것을 마땅히 생활에 쓰고, 작업에 쓰며, 일상적으로 처리하는 일 · 접촉하는 사물에, 즉 우리들이 현재 말하는 「응수應酬16)」하는데 쓰기를 바랍니다. 우리들은 보살의 생활을 하여야 하고, 제불여래의 생활을 하여야 합니다. 이것이 바로 그를 제도하는 것이고, 이런 모습을 나타내는 것이 사람을 제도하는 것입니다.

그래서 부처님께서는 경전에서 늘 우리들에게 「수지독송하고, 남을 위해 연설하라(受持讀誦 為人演說)」라고 말씀하십니다. 「연演」은 표연表演으로 모습을 지어서 다른 사람에게 보여주는 것입니다. 다른 사람이 이 모습을 보고 좋아합니다. 가장 좋은 모습은 당신의 생활이 매우 즐거워서, 날마다 마냥 기쁘고 마냥 즐거운 모습을 보는 것입니다. 당신이 평생 동안 병에 걸리지 않음을 보고, 당신이 해마다 늙지 않음을 보는 것이 가장 좋은 모습입니다. 지나간 생활이 어떠하든, 한 일이 무엇이든 상관없이 당신은 이러한 모습을 지어서 남에게 보여줄 수 있다면 당신은 보살이고, 진정으로 보살도를 행하고 있습니다.

그러면 다른 사람이 당신에게 가르침을 청할 것입니다. "당신은 왜 병에 걸리지 않습니까? 당신은 왜 해마다 늙지 않습니까? 왜 당신의 정신과 체력은 갈수록 좋아집니까?" 그는 당신에게 가르침

---

16) 「응수應酬란 일체의 사물을 접촉 상대함이다. 사람은 사교적 동물이라 고립된 생활을 할 수 없으므로, 갖가지 사회의 모든 관계가 다 자기의 활동에 따라 생기는 것이다. 이와 같이 폭주하여 복잡한 사물에 대하여 올바르게 응수하지 못하면 어찌 세상 일이 복잡다단하고 인정을 헤아릴 수 없는 뜬세상을 안전히 지내갈 수 있으랴. 사물과 사물의 사이에 상대적으로 생기는 행복과 고통의 득실 관계가 뒤숭숭하여 대중이 없으니, 응수應酬의 길을 강구하지 않을 수 없다.」

을 청하고 당신은 그에게 설법을 열어 보입니다. 그래서 「연演」한 후에야 「설說」합니다. 설해야 그는 믿습니다. 그가 당신에게 구하려고 한 것이 있기 때문입니다. 당신이 그에게 말하면 이것이 「홍법하고 중생을 이롭게 함(弘法利生)」이라 합니다. 그래서 「연」은 정말로 스스로를 이롭게 하고, 다른 사람을 이롭게 하는 것(自利利他)이고, 「설」은 전적으로 다른 사람을 이롭게 하는 것이고 스스로를 이롭게 하는 것과 아무런 상관이 없습니다. 표연表演하는 가운데 비로소 스스로를 이롭게 하고 다른 사람을 이롭게 하는 것이 바로 보살도를 행함이고, 널리 일체중생을 제도하는 것입니다.

우리들은 분명히 알아야 하고, 배워야 하며, 진실을 다해야 하고, 믿음이 있어야 하며, 두려워해서는 안 됩니다. 설사 오늘 조금 병에 걸려 아플지라도 다른 사람이 당신에게 의사에게 가보라고 하더라도 정말로 마음을 믿고, 부처님을 믿고, 보살을 믿는 마음이 있다면 저는 가지 않을 것입니다. 저는 싱가포르에서 여러 번 경전 강설을 한 적이 있습니다. 이목원李木源 거사께서 바로 가장 좋은 본보기이십니다. 그는 7년 전 병에 걸리셨는데, 건강검사를 가서 암 진단을 받았습니다. 의사는 그에게 단지 6개월만 살수 있다고 말했습니다. 그는 매우 경건한 불교도였습니다. 어린 시절부터 부처님 공부를 하여 이 일을 알고 있었는데, 가는 때를 아는 것이나 다름없었습니다. 그는 장사를 하였는데, 그의 장사와 재산을 모두 부인에게 넘겨주고, 그의 부인에게 경영을 하도록 하였습니다. 자신은 사후 뒤처리를 준비하고, 몸에는 한 푼의 돈도 지니지 않았습니다. 그는 의사의 진료도 받지 않고, 약도 먹지 않았습니다. 아미타부처님께서 접인하여 왕생하길 기다리면서 날마다 염불한 지 금년이 7년이 되었지만, 아미타부처님께서 아직 오시지 않았습니다.

다시 검사를 받으러 갔는데, 병원의사는 고개를 저으면서 "불가사의하군요." 라고 말했다고 합니다. 그의 병증이 사라져버린 것이었습니다. 그래서 그는 불교를 위해서 하루를 살겠다고 발심하고 아무 보수도 받지 않고 매일 일하였습니다. 그는 불교 거사림에서 적지 않은 일을 하였지만, 한 푼의 보수도 바라지 않았습니다. 아마도 다만 점심 저녁에 거사림에서 한 끼 식사만으로 괜찮았습니다. 전심전력을 다해 불법을 호지護持하고, 매년 저에게 경전 강설을 청하셨습니다. 종전 해(1995년) 하반기 입문자 육성반을 시작하고 마치는 과정을 모두 그가 해내었습니다. 현재 그의 몸은 갈수록 좋아지고 있습니다. 그래서 한 관장님의 사업은 이목원 거사께서 맡아서 하고 계십니다. 전반부 30년은 한 관장님께서 호지護持하셨고, 후반부는 이목원 거사께서 하셨습니다.

보십시오. 이러한 중병에 걸렸는데 다시 검사를 받아보니 확연히 병증이 사라졌습니다. 그는 의사를 찾지도 않았고, 약도 먹지 않았으며, 수명을 구하고 싶은 생각도, 자기 몸을 돌보려는 생각도 없었습니다. 실로 없었습니다. 어떠한 생각도 없었습니다. 단지 하루를 살고 하루를 일하는 것으로 마냥 기뻤고, 언제 어느 곳이라도 아미타부처님께서 접인하러 오시길 기다렸습니다. 그래서 저의 생각으로는 그의 후반부 수명은 매우 길 것이고, 앞으로 호지할 일은 그 책임이 막중할 것입니다. 그는 말합니다. "우리 모두는 아미타부처님께 의지해야 합니다. 아미타부처님의 복보는 가장 크십니다. 부처님께 의지하지 않는다면 어느 누구에게도 의지하지 못합니다. 꼭 부처님께 의지하여야 합니다. 부처님에 대한 확고한 믿음이 있어야 합니다."

아미타부처님께서는 어디에 계십니까? 『무량수경』, 이 한 권의 책이 바로 아미타부처님이십니다. 우리들이 매일 독송하면 마치 아미타부처님을 마주하고, 그의 법문(여래지견)을 듣고 그의 가르침을 받는 것과 같습니다. 우리들은 이렇게 진실하고 참된 태도로 독송하여야 합니다. 이럴 때 비로소 감응이 있습니다.

과거 인광印光대사께서 말씀하셨습니다. 일분의 성경誠敬이면 곧 일분의 감응을 얻고, 십분의 성경이면 곧 십분의 감응을 얻습니다. 경전을 펼침은 마치 아미타부처님을 마주하는 것과 같습니다. 참정성과 공경심으로 독송하고 부처님의 가르침을 받아야 합니다. 그러면 언제나 기억하며 살 수 있고, 생활 속에서 가르침대로 받들어 행할 수 있습니다. 이것이 그 무엇보다 중요합니다.

시시때때로 「삶과 죽음보다 큰일은 없고, 무상한 세월보다 빨리 가는 것은 없다(生死事大 無常迅速)」·「만법은 모두 공하지만, 인과는 공하지 않다(萬法皆空 因果不空)」, 이 두 글귀를 염송해야 합니다. 우리는 이번 일생에 생활의 방향이 서있으면 목표와 원칙에 따를 수 있고, 끌려가서 자신을 잃어버리지 않을 수 있습니다.

오늘은 여기까지 말씀드리겠습니다. 우리들은 모두 진지한 수행이 어떠해야 진실하고 수승한 이익을 얻을 수 있는지, 우리들의 오래된 관념 · 오래된 사상을 어떻게 하면 고쳐 나갈 수 있는지에 대해 일상생활 가운데 대화를 나누어야 합니다. 오늘 동수 여러분들과 우리들이 무시이래로 쌓아온 선근 복덕을 어떻게 공덕으로 전환시킬 수 있는지 말씀드렸습니다. 이는 너무나 중요합니다. 그런 다음에야 비로소 정말로 경전에서 설한 「적은 선근 · 복덕 · 인연으로는 저 국토에 왕생할 수 없다」는 말씀을 명료하게 이해할 수 있을 것이고, 이 세 가지를 스스로 모두 다 갖추었다면 왕생에 대한 믿음이 생길 것이고 또 아미타부처님과 얼마간 더 가까워졌을 것이라 생각됩니다.

여러분, 감사합니다.

根塵齊攝寶王禪

육근과 육진을 나란히 거두어들이는 보왕선

한마디 아미타불은 바로 위없이 깊고 깊은
무상심묘선(無上甚深禪)이다.
한마디 아미타불은 위없이 깊고 깊은 주문의 왕이다.
한마디 아미타불을 염하면 정淨을 닦을 뿐만 아니라
선禪도 닦고, 밀密도 닦는다.
당신이 닦는 선은 원만구경의 선이고,
당신이 닦는 밀은 대원만의 밀이다.
- 정공 법사

至誠感通

淨空

만약 육도윤회를 벗어나고 싶으면 일상생활에서
아무런 집착도 하지 말고, 분별하지도 말며,
우리와 아무런 상관이 없는 일에는
듣지도 않고 묻지도 않을 수 있어 모든 일을
반드시 담담하게 보아야 함을 알 수 있습니다.
이런 일들을 마음속에 두면 큰일입니다.
이렇게 말하는 것이 바로
'알아차리고(看破) 내려놓아라(放下)!'
라는 말의 뜻입니다.
-정공법사

둘째 날 법문

모든 법이 공해도 인과는 공하지 않다

동수 여러분,

시간이 매우 빠르게 흘러갑니다. 요 며칠 동안 저는 적지 않은 동수 여러분과 접촉했습니다. 다들 함께 한담을 나누기 시작했는데, 대부분의 사람들이 공부를 해도 득력得力을 하지 못한다고 느끼고 있었습니다. 어떻게 불법을 공부해야 할까요? 실제로 이러한 문제를 제기할 수 있어야 마침내 깨닫습니다. 이것은 좋은 현상입니다. **「불법佛法」이란 두 글자의 함의는 일체 법을 깨닫겠다는 것입니다.** 어떤 사람은 일체 법 가운데 있다고 말합니다. 우리는 깨달은 상태를 계속해서 잘 보임하고 지킬 수 있어야 합니다. 이 뜻을 명백히 이해하면, 부처님 공부란 단지 깨달음에 이른 사람이 되는 것을 배우고, 사리에 밝은 사람이 되는 것을 배우는 것에 지나지 않는 것임을 진정으로 알 수 있습니다.

불보살님도 한 사람이고, 우리 또한 한 사람입니다. 우리와 불보살님이 다른 점이 있습니까? 있다면, 불보살님께서는 일체 사리에 밝다는 점입니다. 불보살님께서는 깨우쳤지만, 우리는 이와 정반대로 우주인생에 대해서, 자신에 대해서, 다른 사람에 대해서, 일체 사물에 대해서, 모두 깨우치지 못해 잘 알지 못합니다. 차이가 바로 여기에 있습니다. **반드시 어떤 사람이 명백히 알고 싶고 깨우치고 싶어야 불보살님께서 세상에 출현하신 것을 느낄 수 있습니다. 바로 불법에서 말하는 「감응도교感應道交」로, 중생에게 감感이 있으면 곧 불보살님께서 응應하심이 있습니다.**

불보살님께서 우리들에게 무엇을 가르쳐 주셨는지, 이것을 조금이라도 어쨌든 알아야 합니다. 매우 깊은 대의를 일상생활 평상시에 반드시 알아야 합니다. 불법은 이와 같습니다. 세간법(世法)도 예외일 수 없습니다. 중국의 학술사상은 그 근원을 조사하여 『역경易經』이라 하였습니다. 중국고대의 육경六經은 모두 『역경』의 주석서일 뿐입니다. 「역易」은 바로 간이簡易, 간단하고 쉽습니다. 대도大道는 번잡하지 않습니다. 불법이 우리에게 주는 것도 이와 같습니다.

현재 우리들이 살펴보면 세간법과 불법은 간단하지 않은데, 어떻게 된 일입니까? 우리 중생들이 이를 번잡하게 만든 것입니다. 불법이 번잡한 것이 아니라 우리가 그것을 번잡하게 만들었습니다. 이 점을 반드시 알아야 합니다. 왜 우리들은 그것을 번잡하게 만들었습니까? 우리의 망상 · 분별 · 집착은 무량무변하여서 각자의 각도로부터 불법을 보기에 불법이 번잡해진 것입니다. 이는 바로 부처님께서 경전에서 말한 「일체 법은 심상으로부터 생긴다(一切法從心想生)」는 법문과 상응합니다. 이 말은 매우 일리가 있습니다. 만약 당신의 마음속에 생각(想)이 없다면 바꾸어 말해 일체 법이 없습니다. 당신의 생각이 복잡해질수록 모든 법도 복잡해집니다. 만약 당신이 아무것도 생각하지 않으면 일체 법은 매우 간단하고 매우 단순합니다. 제불께서 증득한 일진법계一真法界는 단순한데, 십법계는 단순하지 않고 육도는 더욱 번잡합니다.

우리는 이理와 사事를 모두 잘 알아야 합니다. 그런 다음에야 이理에서 수학하는 한 갈래 길이 나올 수 있습니다. 「수修」는 수정하는 것이고, 「학學」은 학습하는 것입니다. 수행의 「행」은 우리의 생활행위입니다. 우리는 잘못된 행위를 수정하고, 잘못된 사상을 수정하는 것을 「수행修行」이라고 합니다. 수정한 후에 우리가 불보살님을 따라 배우는 것을 「수학修學」이라 합니다.

불보살님께서는 각각의 행업 상에 있습니다. 『화엄경』에서 말한 바와 같이, 실은 일체 경전 속에도 모두 설하고 있습니다. 『화엄경』에서 매우 뚜렷하게 설하고 있어 우리는 아주 쉽게 알 수 있습니다. 그 생활방식이나 종사하는 그 행업에 관계없이 이들은 모두 방해가 없습니다. 청량 대사께서는 『화엄』에서 우리에게 「이와 사에 걸림이 없고, 사와 사가 걸림이 없느니라(理事無礙 事事無礙)」라고 말씀합니다. 「사사무애事事無礙」는 곧 어떤 생활방식으로 살든지 어떤 일을 하든지 모두 부처님을 배우는 것이고, 보살을 배우는 것이며, 모두 보살행이라는 뜻입니다.

무엇을 「보살행菩薩行」이라 합니까? 이 관념을 분명히 해야 합니다. 「보살」은 깨우침의 뜻이고, 「보살행」은 깨우친 상태의 행위입니다.

이때문에 지금 바로 시공을 뛰어넘고 만법을 뛰어넘습니다. 일상생활에서 말하면 옷을 입고 밥을 먹는 것이 단지 「깨달음」과 상응하면 이것이 보살행을 닦는 것이고 보살도를 배우는 것입니다. 「미혹」과 상응하면 「업을 지음(造業)」이라 합니다.

이 말은 진실입니다. 육도범부 그 사람만 업을 짓습니까? 육도에서만 업을 지을 뿐만 아니라 사성법계에서도 업을 짓습니다. 그러나 그들이 짓는 업은 가볍고, 우리가 짓는 업은 무겁습니다. 십법계는 아래로 내려 갈수록 지은 업이 무거워집니다. 어떤 사람이 진정으로 깨닫습니까? 부처님께서는 경전과 논서에서 우리들에게 하나의 표준을 세워주셨습니다. 이런 표준은 육도윤회를 뛰어넘는 사람이 깨달았다고 할 수 있습니다.

육도六道란 무엇입니까? 경전에서는 우리에게 말합니다. 육도는 견사번뇌見思煩惱가 변하여 나타난 것으로, 이른바 삼계三界 · 구지九地 · 88품 견혹見惑 · 81품 사혹思惑입니다. 「품品」은 품류品類입니다. 하나의 품류는 그 수량이 너무나 많아 이루 다 말할 수 없습니다. 부처님께서 방편을 쓰는 방법은 이런 잘못을 귀납歸納[17]시킵니다. 비록 이러한 숫자로 귀납될지라도 처음 배우는 사람에게는 여전히 싫증이 나므로, 다시 그것을 10개 범주로 귀납하면 말하기가 쉽습니다.

17) 구체적 사실을 가지고 일반적 내용으로 돌아가 결론으로 받아들인다.

제법의 자성본체에 통달하여 일체법이 공空이고 무아無我임을 깨닫고서
자심으로 전일하게 청정불토를 구하여 이러한 극락찰토를 반드시 성취할지어다.
무변 수승한 극락찰토는 아미타 부처님의 본원력本願力이 나타난 것이니,
아미타 부처님 명호를 듣고 왕생하고자 발원하면 저절로 불퇴전에 이르게 되리라.
보살은 지극한 서원을 일으켜서 자기의 국토가 극락세계와 같아지길 발원하고
일체중생을 제도하겠다는 평등한 대비심으로 중생들에게 보리심을 발하게 하여
윤회하는 저 몸을 버리고 모두 함께 피안에 오르게 하네.
- 무량수경

견혹見惑은 바로 견해의 잘못으로 우리가 잘못 보는 것입니다. 사혹思惑은 바로 우리가 잘못 생각하는 것입니다. 이 두 가지를 합쳐서 「견사번뇌見思煩惱」라 합니다. 이러한 견사번뇌가 있으면 육도윤회를 벗어나지 못합니다. 바꾸어 말하면 마음을 일으키고 생각을 움직여서, 『지장보살본원경地藏菩薩本願經』에서 말씀한 것처럼 "죄가 아닌 것이 없습니다(無不是罪)." 우리들은 자신의 잘못을 시인하고, 과감하게 인정할 수 있어야 합니다. 과감하게 잘못을 인정하는 사람, 이런 사람은 좋은 사람이고 그에게는 희망이 있습니다. 만약 그가 믿는 종교에서 말하자면 이 사람은 곧 구원받을 것입니다. 자신에게 잘못이 있는데도 죽어도 시인하지 않으려는 사람은 구원받을 수 없습니다. 그래서 우리들은 꼭 과감하게 자신의 잘못을 시인하여야 합니다.

우리들은 확실하게 사실진상에 대해 잘못 보고 있습니다. 첫 번째 잘못 보는 것은 바로 이 몸을 당연히 자신으로 여긴다는 것입니다. 이렇게 말하면 수많은 동학同學 여러분들께서 모두 이상하다고 느낍니다. 이 몸이 나 자신이 아니라면 누가 나 자신인가? 그 사람은 몸을 자신이라 간주하지 않는가? 맞습니다. 무릇 육도의 중생은 모두 이 몸을 자신이라 간주합니다. 그래서 당신 자신도 이 몸을 자신이라 여깁니다. 예를 들면 이렇게 생각합니다. '이것은 매우 정상이야, 잘못은 없어, 사람마다 모두 이렇게 생각해. 그렇다면 내가 이렇게 생각하는 것이 무엇이 잘못이야?'

그러나 사실은 정말 잘못입니다. 왜냐하면 이 몸을 자신이라고 간주하기 때문입니다. **생각마다 모두 이 몸을 위하려 한다면 대단한 잘못을 키우는 겁니다. 탐 · 진 · 치 · 교만은 모두 신견身見[18]으로부터 생기기 시작합니다.** 오욕육진의 향락을 탐내고 있음을 다들 가장 쉽게 알아차리는 것은 식욕과 수면욕으로, 이것들은 모두 몸을 위한 것입니다. **「몸(身)」이란 도대체 무엇입니까? 대승불법에서는 몸은 나가 아니라 나의 소유물에 속한다고 확실히 설명합니다. 「나(我)」와 「나의 것(我所)」은 뚜렷이 판별해야 합니다.** 「나」는 생의 주재자(生宰)이고, 「나의 것」은 나에게 딸린 부속물입니다. 우리가 입는 옷에 비유하여 말하면 옷은 나의 소유물이고, 「나의 것」입니다. 우리가 머무는 집에서 집은 「나의 것」입니다. 당신의 가친권속家親眷屬[19]은 「나의 것」입니다. 이것은 「나」가 아니라 내가 지니고 있는 것입니다. 같은 이치로 우리의 몸은 「나의 것」입니다.

「나의 것」은 무상한 것으로 그것은 상주하는 것이 아닙니다. 다시 여러분에게 말씀드리자면 **「나」는 상주하는 것이고, 「나」는 생하지도 멸하지도 않습니다. 「나」는 생사가 없지만, 이 몸은 생사가 있습니**

---

18) 오온의 일시적 화합에 지나지 않는 신체에 '불변하는 자아가 있다', '오온은 자아의 소유다'라고 하는 그릇된 견해를 말한다.

19) 가친권속家親眷屬 : 「과거에 맺은 선연善緣과 악연惡緣으로 이번 생에 인간으로 태어나서 또 모였습니다. 모였다가 흩어짐을 알아차려야 합니다. 모였다 흩어지니 무상함을 알아차려야 합니다. 만약 간파하지 못한다면 당연히 심각한 망정의 집착(情執)입니다. 망정의 집착이 당신을 얽어매어 육도六道에서 벗어나지 못하고 또 세세생생 미혹 집착 속에 빠져서 이번 생이 이전 생보다 더 고통스럽습니다. 이러한 사실진상事實真相을 꼭 간파하여야 합니다.」 (정공법사)

다. 이것이 정확한 관념입니다. 몸이 태어나고 죽는 것은 곧 옷과 같습니다. 옷을 오래 입으면 우리는 그것을 벗고 필요 없다 버리고, 다시 새 옷으로 갈아입습니다. 새 옷을 입습니다. 새 옷은 태어남(生) 입니다. 오래 입더라도, 해질 때까지 입을 필요는 없습니다. 그것은 죽음(死)입니다. 그것은 생멸상生滅相이 있습니다. 「나」는 생멸상이 없습니다.

이러한 이치는 부처님께서는 과거 『능엄경楞嚴經』에서 매우 상세히 말씀하셨습니다. 당시 파사익波斯匿 왕이 왕좌에 있을 때 그와 석가모니 부처님이 동갑이라, 자신에게 원래 생사가 없음을 명백히 듣고 알고서 매우 기뻤습니다. 그는 「몸」은 생사가 있지만, 「나」는 생사가 없어 생하지도 멸하지도 않는다는 이치를 분명히 알았습니다. 현재 우리에게는 이 몸이 있으므로 이 몸을 마음껏 활용해야 합니다. 실재로 어떤 몸이든 상관없이 우리가 통상 말하는 **십법계의 의정장엄依正莊嚴, 십법계의 몸이 모두 「나의 것」이면 곧 당신은 성불한 것입니다**. 부처님의 몸은 32상相 80종호種好가 있는데, 그것은 「나의 것」이고 진정한 자기가 아닙니다.

석가모니 부처님께서는 3천 년 전에 출현하시어 이 세상에 계셨습니다. 그 어르신은 일체중생을 위해 경을 설하시다가 80세에 원적圓寂에 드셨으니, 이 색신色身은 「나의 것」이고 생하고 멸함이 있지만, 「나」는 생멸이 없습니다. 먼저 우리들은 관념을 바로 잡아나가야 합니다.

(생의 주재자인) **나(我)는 태어나지도 죽지도 않고(不生不滅), 오지도 가지도 않습니다(不去不來). 『중관론中觀論』에서 말하고 있는 「팔불八不」**[20], **「팔불」에서는 「나」는 상주도 단멸도 아니고(不常不斷), 같지도 다르지도 않습니다(不一不異).** 누가 「나」를 찾아냈습니까? 제불보살께서는 「나」를 찾아냈습니다. 그래서 그는 자재합니다. 범부凡夫 · 이승二乘 · 권교보살權教菩薩은 모두 여전히 찾아내지 못했습니다. 진정으로 부처님 공부를 하려면 반드시 이런 사실진상을 비록 매우 뚜렷하지는 않을지라도 매우 명백히 알아야 하고, 다소간 개념이 있어야 하며, 이 부분에서 믿음을 확립하면 공부하기가 쉽습니다.

그래서 어떤 몸을 얻었던 상관없이 이 신체로 죄업을 짓지 말고 이 신체를 이용하여 공덕을 쌓아야 합니다. 이 신체를 이용하여 죄업을 지으면 잘못입니다. 이 부분에서 말해보면 반드시 지극히 미세한 것, 세심한 것을 체득하고 관찰해야 하며, 그런 다음 이 신체와 환경을 잘 사용해야 합니다. 불문佛門에서 **「가상을 빌려 진실을 닦는다(藉假修真)」**라고 늘 말합니다. 몸과 경계는 모두 가상(假)이고, 모두 무상합니다. 불경에서는 모두 「유위법有為法」이라고 말하는데, 유위법은 생이 있고 멸이 있습니다. 몸은 생로병사生老病死가 있습니다. 동물들의 몸에도 생로병사가 있고, 식물에도 생주이멸生

20) 삼론종三論宗에서 일체 법의 실상을 표현하는 데 쓰는 말이다. 불생不生 · 불멸不滅 · 불거不去 · 불래不來 · 불일不一 · 불이不異 · 부단不斷 · 불상不常, 이 여덟 가지는 중도삼론中道三論의 지극한 종지로 바꾸어서 말하면 생生 · 멸滅 · 단斷 · 상常 · 일一 · 이異 · 거去 · 래來의 여덟 가지의 잘못된 견해(8미八迷 · 팔계八計의 희론)일 뿐이다.

住異滅이 있습니다. 모든 존재는 다 변하여 무상하고, 광물 · 행성에는 성주괴공成住壞空이 있습니다. 부처님께서는 우리들에게 「모든 법은 무상하다(萬法無常)」 · 「모든 법은 다 공하다(萬法皆空)」라고 말씀하셨습니다.

"모든 법은 다 공하다(萬法皆空)." 이는 진실입니다. 그렇지만 이 안에 공하지 않은 이치가 있는데, 어떠한 이치입니까? 인과因果입니다. 이렇게 묻는 사람이 있을지도 모르겠습니다. 모든 법이 다 공하다면 왜 인과는 공하지 않습니까? 인과는 모든 법 안에 있는 것이 아닙니까? 틀리지 않습니다. **인과도 모든 법안에 있지만, 인과는 공하지 않습니다. 왜냐하면 인과는 연속적인 현상이기 때문입니다. 인因 속에 과果가 있고 과果 속에 인因이 있으며 인과는 순환하므로 그것은 공하지 않고, 상속相續하는 현상입니다. 만약 인과가 공이라면 십법계 · 육도는 곧 사라질 것입니다. 십법계 · 육도에 이러한 가상이 존재한다면 왜 존재할까요? 바로 인과가 상속하는 현상이 중단되지 않기 때문입니다. 이 속에서 끊임없이 변화하는 것이 사실진상입니다.**

그래서 부처님께서는 우리에게 선한 인因을 심으면 선한 과果를 얻는다고 가르쳐 주셨습니다. 십법계의 의정장엄은 모두 그것의 인因 · 연緣 · 과果 · 보報가 있습니다. 『법화경』에서는 더욱 상세하게 설명하고 있습니다. 『법화경』에서는 우리들에게 「십여시十如是」를 말씀해 줍니다.21) 여기서 「여시如是」 란 바로 공하지 않다(不空)란 뜻입니다. 이로써 우리들이 마음을 일으키고 생각을 움직이며 언어를 구사하기 위해서는 최저한도로 선법善法과 상응해야 함을 알 수 있습니다. 이는 아직 육도윤회를 뛰어넘을 수 없고, 단지 육도 속에서 악도惡道 및 악연惡緣을 피할 수 있을 뿐입니다. 우리들이 기대하는 인천人天의 복보福報·행복·원만을 확실히 얻을 수 있습니다.

이것이 부처님께서 우리들 초학初學에서부터 심량心量과 견식見識이 모두 원대한 사람에 이르기까지 가르쳐 주신 것입니다. 부처님께서는 이 방법으로 가르치고 인도하셨습니다. 가르치고 인도하는 목적이 실현되면 확실히 사회의 안전, 안정과 번영 및 번창을 보장할 수 있습니다.

불법은 이렇게 좋은데, 오늘날 이 세계는 왜 이렇게 혼란합니까? 세심하게 관찰해 보십시오. 이 사회의 혼란은 실제로 부처님 공부를 하지 않은 잘못에 있습니다. 이는 부처님 공부를 하여 우리들이 사회혼란을 해석하여 미래를 열어가지 못한 것은 깨닫지 못한 잘못입니다. 다른 종교가 반항할 수 있어 부처님 공부를 하지 않는 것입니까? 불교에 뭐 대단한 것이 있습니까? 이런 사람은 「불佛」이란 글자가 무엇을 말하는 건지 모르고 있습니다. 「불佛」은 깨달음이란 뜻입니다. 깨닫지 못한 잘못으로 모두 다 자신을 잃어버렸습니다.

---

21) "오직 부처님과 부처님만이 제법諸法의 실상實相을 사무쳐 남김없이 다 아신다. 이른바 여시상如是相·여시성如是性·여시체如是體·여시력如是力·여시작如是作·여시인如是因·여시연如是緣·여시과如是果· 여시보如是報·여시본말구경如是本末究竟 등이니라" 『묘법연화경』

그래서 다른 사람과 관계를 맺을 때, 일을 처리할 때, 사물에 접촉할 때 갖가지 잘못된 견해와 사상을 낳고, 이들 잘못된 행위에 이끌려 악과惡果를 초래합니다. 이러한 이치가 불교에 있습니다.

그래서 특히 불법은 결코 종교가 아님을 분명히 알아야 합니다. 이 점은 우리가 꼭 뚜렷하게 인식해야 합니다. 불법의 교학은 종교를 뛰어넘고, 종족을 뛰어넘으며, 모든 한계를 뛰어넘습니다. 그것은 원융圓融하고 크게 원만한 것(大圓滿)입니다. 그래서 경전에서는 「구계중생九界衆生」을 말하고 있고, 그 범위는 너무나 광대합니다.

일체중생, 그들의 종족도 다르고, 문화도 다르며, 종교 신앙도 다르고, 속해 있는 국가도 다릅니다. 모든 것이 같지 않은 가운데, 깨달음과 미혹은 같습니다. 그래서 불법은 단지 「깨달음」과 「미혹」을 말할 뿐, 다른 것을 말하지 않습니다.

보살은 인도 범어의 명사로, 그것은 '깨달음에 이른 중생(有情衆生)'을 뜻합니다. 그래서 「보살」은 「각유정覺有情」이라고 번역합니다. 깨달음에 이른 중생을 「보살」이라고 합니다. 부처님 공부를 하는 사람들이 깨달음에 이르면 「보살」이라고 합니다. 기독교 목사가 깨달음에 이르면 그도 「보살」입니다. 천주교 신부가 깨달음에 이르면 그 또한 「보살」입니다.

그래서 우리는 진정으로 알아야 합니다. 보십시오. **『화엄경』에서 말하는 53위 선지식의 신분은 남녀노소, 각자의 행업은 달라도 모두 다 보살입니다.** 정치에 참여하는 이도 보살이고, 상업을 경영하는 이도 보살이며, 노동하는 이도 보살이며, 누구든 상관없이 한 가지 행을 추구하여 깨달음에 이른 이는 모두 「보살」이라 합니다. 노인이 깨달음에 이르면 「보살」이라 부릅니다. 어린아이도 깨달음에 이르면 「보살」이라고 부릅니다. 이제야 불법은 단지 깨달음과 미혹만을 말하고, 기타 한계는 없음을 알 수 있습니다.

이로써 일체중생은 미혹을 깨뜨리고 깨달음을 열어서 사리에 밝은 사람이 되고, 깨달음에 이른 사람이 되고 싶어 한다는 것을 알 수 있습니다. 그러면 당연히 부처님 공부를 해야 합니다. 부처님 공부란 깨달음을 공부하고, 진상이 명백함을 공부할 뿐입니다. 부처님의 경전과 논서는 매우 많지만, 내용은 한 가지 일, 즉 우주와 인생의 진상을 설명할 뿐입니다. 진상真相이 명백해야 당신의 사상은 순수하고 올바르다 말할 수 있고, 당신의 견해는 잘못이 아니라고 말할 수 있습니다. 이른바 「바른 앎(正知) · 바른 견해(正見)」입니다. 진상이 없으면 바른 앎 · 바른 견해가 생기겠습니까?

부처님께서는 결코 사람들을 속이지 않으셨음을 알 수 있습니다. 부처님께서 설하신 말씀은 구구절절 진실하지만, 다만 우리들이 깨닫지 못했을 뿐입니다. 만약 우리들이 부처님께서 설하신 말씀을 믿을 수 있다면 복보福報가 있습니다. 이런 사람에게는 복보가 있는데, 왜 그럴까요? 그는 믿을 수 있기 때문입니다. 믿을 수 있으면 반드시 이해할 수 있고, 행할 수 있습니다. 그는 사실진상과 상응할 수 있습니다. 상응하면 복을 얻고, 상응하면 고통을 여의고 쾌락을 얻습니다. 이로부터 알 수 있습니다. 불법은 결코 배우기 어렵지 않습니다. 어려움은 믿음(信)·이해(解)·수행(行)의 상응에 있습니다. 상응은 바로 「증득(證)」입니다. 그래서 옛사람은 「신해행증信解行證」을 말씀하셨습니다.

사실진상은 사상事相에서 말하자면 절대로 인因·연緣·과果·보報에서 벗어나지 않습니다. 부처님께서는 우리들에게 사람과 사람의 관계, 사람과 일체 만물과의 관계를 설명합니다. 인연은 매우 복잡하여 무량한 인연입니다. 무량한 인연은 다시 그것을 귀납하면 4종의 인연이 됩니다. 특별히 사람과 사람사이의 관계를 설명하는 네 가지 인연은 은혜갚음(報恩)·원수갚음(報怨)·빚독촉(討債)·빚갚음(還債)입니다. 만약 인연이 깊으면 가친권속家親眷屬으로 바뀌고, 인연이 소원하면 친척붕우親戚朋友로 바뀝니다. 더 소원해지면 아마도 낯선 사람으로 바뀔지도 모릅니다.

우리들이 외출하여 걷다 보면 매일 숱한 사람을 만나게 됩니다. 어떤 사람은 당신을 만날 때 미소 짓고 당신을 찾아 부르면 선연善緣이고, 어떤 사람이 당신을 만날 때 노려보고 당신을 보고 편안하지 않으면 악연惡緣입니다. 그렇지만 이 인연이 너무 소원하여 한 번도 만나러 가지 않는다면 당신 일생에 오직 그를 한번만 볼 수 있을 뿐입니다. 두 번은 만나게 되지 않게 되고 인연은 멀어집니다. 이러한 사실진상을 이해해야 합니다.

부처님 공부를 하고 깨달음에 이른 사람은 어떻게 이 일을 처리할까요? 깨달음에 이른 사람은 이런 사연事緣을 법연法緣으로 바꾸려

할 것입니다. 잘 보시면, 불보살님께서 우리들에게 하신 일입니다. 실질적으로 말하면, 가정은 좋은 곳이 아닙니다. 가정은 서로 원한을 갚는 장소입니다. 꼼꼼히 잘 생각해 보면 좋은 일이 아니라 서로 원한을 갚는 장소입니다. 그렇지만 깨달음에 이른 사람은 서로 원한을 갚는 장소를 도량으로 바꿀 수 있습니다. 이런 생각은 뛰어납니다. 가친권속을 법권속(法眷屬; ; 보리권속)으로 바꾸고, 가족을 가르쳐 한 사람 한 사람이 깨우칠 수 있도록 당신 스스로 앞장섭니다.

매우 많은 동수 여러분께서 저에게, 부처님 공부를 하고 있지만 가족들은 부처님 공부를 하지 않아 장애가 무척 많다고 고민을 털어놓습니다. 저는 그들에게 "당신이 부처님 공부를 한다고 하지만, 진실한 공부가 아닙니다."라고 말합니다. 그들은 "어째서 저의 부처님 공부가 진실하지 않습니까? 저는 매일 기도일과(功課)를 한 차례도 빠뜨리지 않습니다."라고 말합니다. 그것은 쓸모가 없습니다. **당신은 진실로 부처님 공부를 해야 합니다. 당신은 반드시 당신의 가족을 감동시켜야 합니다. 과연 진실로 부처님 공부를 하였는데도 여전히 감동시킬 수 없다면 그것은 당신의 공부가 부족한 것입니다.**

실제로 이 세상의 모든 가정은 가장 복잡하고, 가장 제도하기 어렵습니다. 아마도 중국 고대의 순임금은 한 집안이었을 것입니다. 우리들이 요순시대(堯舜禹湯) 역사를 공부하면 알게 될 것입니다. 보십시오, 순임금의 계모와 아버지는 정말 제도하기 어려웠는데, 그도 자신의 덕행을 완전히 쏟아 부었더니, 오랜 세월이 지나서야 부모님이 마침내 감화되었다고 합니다.[22] 그렇다면 그가 바로 불보살입니다.

불교가 당시 비록 중국에 아직 전해지지 않았을지라도 순임금은 바로 불보살입니다. 그는 미혹되지 않았습니다. 그는 깨달았고, 마음이 바르며, 마음바탕이 청정했습니다. 그는 각覺·정正·정淨을 정말 성취하였습니다. 우리 불문佛門에서는 각·정·정이 바로 표준입니다. 그래서 그의 행위는 표준적인 보살행이고, 표준적인 보살도입니다. 사리事理에 비추어 보면 그는 불법에서 말하는 보살의 표준에 부합하니, 그가 이렇게 법을 실천하였다고 말할 수 있지 않겠습니까?

순왕이 법을 실천함에는 원칙을 찾을 수 있습니다. 이 원칙은 대승불법에서는 「거스르는 연분(逆緣)을 만나고, 거스르는 경계(逆境)에 처한다」라는 말이 있습니다. 「연緣」은 인사환경상의 관계이고, 「경境」은 물질환경의 관계입니다. 인사환경과 물질환경 모두 너무나 열악하였는데, 그는 이러한 경계에 처하였습니다. 우리 불문에서는 「역증상연逆增上緣[23]」이라고 합니다. 당신은 이런 경계에서 무엇을 닦겠습니까? 「**중생에 수순하고 공덕에 따라 기뻐하는**(恆順衆生 隨喜功德)」 **보현행을 닦아 나가십시오.** 순임금도 이러한 원칙을 단단히 지켰습니다.

---

22) 순임금은 생모가 일찍 죽고, 계모와 이복동생과 같이 살았는데, 아버지와 계모, 그리고 이복동생 상象이 순舜을 미워하여 자나 깨나 죽일 궁리만 하였다고 한다. 그러나 그 위험한 상황을 슬기롭게 피하고, 변하지 않는 효성으로 처신하는 순을 보고 감복한 가족들이 마음으로 뉘우치게 된다. 나중에 왕이 되고 난 다음 이복동생도 벼슬을 주어 지방을 다스리게 하였다고 한다.

23) 자신의 뜻에 거스름으로써 자신을 증진、향상시키는 연분을 말한다.

그는 정말 세상의 허물을 보지 않았고, 부모님의 잘못을 보지 않았으며, 다만 자신의 잘못을 보았을 뿐입니다. 이는 **육조대사께서 「만약 참으로 도를 닦는 사람이 있다면 세상의 허물을 보지 않는다**(若真修道人 不見世間過)**」라고 하신 말씀처럼 순임금은 세상의 허물을 보지 않았고, 다른 사람의 잘못을 보지 않았으며, 모두 자신에게 잘못이 있다 생각하고서 오히려 자신을 반성하고 진지하게 자신의 잘못을 고쳤습니다**. 이것이 그가 위대한 점으로 진정 깨달은 것입니다. 우리 부처님 공부를 하는 사람은 이러한 점을 따라 배워야 합니다.

요나라 순임금과 은나라 탕임금도 사람이고, 우리들도 사람입니다. 그들도 할 수 있었는데, 우리들이라고 왜 못하겠습니까? 사람들은 실천하여서 우리에게 보여줍니다. 현재 우리들 눈앞에 벌여놓고 있습니다. 우리가 지내온 세월이 어떠하든 상관없이 당신은 매우 잘 생활하고 있습니다. 당신이 수순한 경계(順境 ; 편안한 환경)에 있을 때 각覺·정正·정淨을 닦아야 합니다. 어떤 이가 당신은 너무 청빈하게 생활한다고 말하더라도 당신은 고통의 날들 속에서도 각·정·정을 닦아야 합니다.

이로써 우리와 세상 인연의 관계는 그다지 크지 않음을 알 수 있습니다. 우리와 미혹과 깨달음의 관계가 너무나 클 따름입니다. 깨달으면 즐겁지만, 미혹하면 비록 부귀하다라도 즐겁지 않습니다. 여러분들이 이 세계를 매우 냉정히 관찰해보면, 주변 사람 중에서 어떤 사람은 복이 많고, 권세가 있으며, 지위가 있고, 재산이 있지만, 매우 고통스러운 생활을 하고 있으며, 부유해도 즐겁지 않을 수도 있습니다. 어쩌면 가난한 사람, 지위가 매우 낮은 사람, 물질생활이 상당히 곤란한 사람, 이들이 하루하루를 더 즐겁게 지낼 수도 있습니다.

즐겁게 지낼 수 있는 것이 당연히 인생을 진정으로 누리는 것입니다. 부유하지만 즐겁지 않은 것 보다는 가난하여도 즐거운 것이 정말로 누릴 줄 아는 것입니다. 정말로 고통을 여의고 즐거움을 얻으려면 딴 것이 없고, 결국 알아차리고 내려놓는 것이 좋습니다. 정말로 알아차리고 내려놓을 수 있으면 사실진상事實眞相과 상응할 것입니다. 「정情」은 감정으로 정과 상응하면 당신은 육도윤회의 업을 짓게 되는데, 그것은 끔찍합니다. 당신이 깨달음과 상응하면, 이치와 상응하면, 지혜와 상응하면 사실진상과 상응합니다.

사실진상은 『금강경』에서 가장 철저하게 가장 원만하게 말씀하셨습니다. 사실진상이란 무엇입니까? 일체법은 얻을 수 없습니다(不可得). 『대반야경大般若經』에서는 이 말을 몇 백번 되풀이하며 우리들에게 일체법은 얻을 수 없다고 말하고 있습니다. 근본적인 차원에서 말하자면 『금강경』에서 말한 「(과거 · 현재 · 미래의) 세 가지 마음은 얻을 수 없다(三心不可得)」는 능히 얻을 수 있는 불가득不可得입니다. **만법은 인연으로 생겨납니다(萬法緣生). 무릇 인연으로 생겨난 법은 모두 자성自性이 없고, 모두 자체自體가 없으며, 당체當體가 모두 공하여 찾을 수 없습니다. 그런 까닭에 외부 경계도 얻을 수 없습니다. 얻을 수 있는 주체(能得)도 얻을 수 있는 대상(所得)도 모두 얻을 수 없습니다. 그래서 당신에게 내려놓으라고 외칩니다. 왜 그렇습니**

까? 내려놓으면 사실·진상과 상응하기 때문입니다.

사실진상은 무엇입니까? 곧 우리 일반사람들이 말하는 진리입니다. 당신은 진리에 상응합니다. 불법에서는 자성自性이라 말합니다. 자성은 얻을 수 없습니다. 자성은 존재합니까? 존재합니다. 비록 존재할지라도 얻을 수 없습니다. **당신이 득실을 헤아리는 마음으로 자성을 구하려면 구하지 못합니다. 득실을 헤아리는 마음을 떠나면 당신은 자성을 증득할 것입니다.** 당신은 마음을 밝혀 자성을 보고, 자성을 보아 성불할 수 있습니다.

존재하는 일체의 경계상境界相·십법계의 의정장엄 및 일진법계는 모두 자성이 변하여 드러난 상분相分[24]으로 자성은 능변能變이고, 십법계의 의정장엄은 소변所變입니다.[25] 그렇지만 이 가운데 이치가 있는데, 어떤 이치일까요? 능과 소는 둘이 아닙니다. 그래서 그것은 얻을 수 없습니다. 만약 「능能」과 「소所」가 둘이면 얻을 수 있는 주체가 있고, 얻을 수 있는 대상이 있습니다. 능과 소는 둘이 아니기 때문에 당신에게 얻을 수 있는 주체와 얻을 수 있는 대상의 생각이 있어 잘못되고 사실진상에 어긋나게 됩니다.

---

24) 사물을 인식할 때에 주관적인 마음에 떠오르는 객관의 형상이다. 마음 이외에 사물의 존재를 인정하지 않는 유식설에서는 마음을 객관인 소취(所取)와 주관인 능취(能取)로 이분하는데, 능취로서의 마음인 견분(見分)이 사물의 모습으로 유사하게 드러난 소취로서의 마음인 상분(相分)을 바라본다고 한다.

25) 변화하여 드러나게 하는 것을 능변이라 하고, 변화하여 드러난 것을 소변이라고 한다. 식에 의해 드러난 나와 나를 둘러싼 모든 환경은 소변이고, 식이고 드러나게 하는 식은 능변이 된다.

바로 능能과 소所가 둘이 아니기 때문에 우리들은 일체 사상事相에서 진지한 노력을 지어나가야 상응합니다. 능과 소가 다 함께 공空하면 나는 무엇도 지을 필요가 없습니다. 당신이 그 진정한 뜻을 체득하지 못하고 사실진상을 명료하게 이해하지 못하면 단지 한쪽(一邊)만 볼 뿐이고 다른 한쪽은 보지 못합니다. 그래서 당신의 견해는 철저하지 못하고 원만하지 못하니, 편견偏見이고 원견圓見이 아닙니다.

당신의 견해가 철저하면, 어떤 일을 하든지 상관없이 하나의 행업을 짓더라도 당신은 모두 대단히 진지하게 책임을 지고, 더할 나위 없이 훌륭하게 행하며, 당신의 동반자에게 모범을 보입니다. 비록 모범을 보일지라도 잘 지어보이고 진지한 노력으로 책임을 지며 또 상相에 집착하지 않으니, 이것이 상응입니다. 절대로 한 생각의 마음도 있어서는 안 되지만, 나는 조금이라도 좋은 일을 합니다. 부처님께서는 비록 공덕을 쌓을지라도, 괜찮습니다, 사상에서는 공덕을 쌓을지라도 마음에서는 있어서는 안 됩니다. 공덕을 쌓는다는 생각이 있어서는 안 됩니다. 그러나 생각이 있으면 그르칩니다.

당신은 물을 것입니다. 왜 이렇게 해야 합니까? 이렇게 해야 제법실상과 상응하고, 능변能變과 소변所變, 능과 소가 둘이 아님과 상응합니다. 이런 상응이 바로 당신이 자성과 상응하고, 법성과 상응하는 것입니다. 이치가 여기에 있습니다. 상응하면 성품을 보아 성불합니다. 법신과 상응하면 당신은 곧 청정법신을 증득하고 보통사람이 아니라 바로 법신대사法身大士가 됩니다.

이로부터 알 수 있습니다. 우리는 나이가 들면 노인의 모범을 보여야 하고, 나이가 젊으면 젊은이의 모범을 보여야 합니다. 우리가 매일 직장에 나가면 직장인의 모범을 보여야 하고, 당신이 가정주부이면 가정주부의 모범[26]을 보여야 합니다. **「모범」이 곧 보살입니다. 보살은 곧 일체중생의 모범입니다. 그래서 어떤 생활을 하든지 상관없이 신분이 무엇이든 상관없이 그들은 모두 보살이고 일체중생에게 전형을 지어보입니다.** 여러 가지 일을 인정에 맞도록, 이치에 맞도록 하여 사회대중에게 본보기를 보여주는 것을 「부처님 공부(學佛)」「보살님 공부(學菩薩)」라고 합니다.

부처님 공부를 하는 사람이 만약 이런 생각이 없다면 공부가 거기까지 도달하겠습니까? 날마다 경전을 낭독하고, 진흙으로 빚고 나무로 조각한 보살상에 염불을 하여도 무슨 쓸모가 있겠습니까? 보살님이 당신의 염불을 듣지 못하는데도 당신이 그에게 영험이 있다고 여긴다면 잘못입니다. 진흙 보살은 강을 건널 때 자기 몸을 보호하기 어려운데, 그에게 영험이 어디에 있겠습니까? 그에게 영험이 있는지 없는지는 우리가 눈으로 보고 귀로 들은 후에 깨달음이 있는지 없는지에 달려 있습니다. 만약 당신의 여섯 감각(六根)이 불보살의 경계에 접촉하여 깨달은 것이 있다면 그는 영험이 있습니다.

이로써 영험이 있는지 없는지는 바깥 경계에 있는 것이 아니라 자신의 마음속에 있음을 알 수 있습니다. 자신의 마음을 떠나서

---

26) 부록1 『가정주부는 어떻게 일상생활에서 보살도를 닦을 것인가?』 참조

얻을 수 있는 일법一法도 없다는 것이 대승경전에서 언제나 설하는 말씀으로, 이것은 진실한 말씀이고 거짓말이 아닙니다. **우리들이 생활에서, 작업에서 일체중생에게 좋은 표본을 지어 보이는 것 이외에 염불을 해야 합니다. 꼭 이런 표본을 보여주어야 합니다. 왜 그럴까요? 오직 염불행이 있어야 정말로 이번 일생에 삼계의 생사를 벗어날 수 있습니다. 다른 법문은 비록 좋은 법문이라도 우리들의 근기와 성향으로는 상응하지 못하고, 매우 닦기 어려우며, 쉽게 성취하지 못합니다. 오직 이 한 법문에서만 만인이 닦아 만인이 왕생합니다.**

제가 앞에서 여러분들에게 말씀드린 적이 있습니다만, 진정으로 왕생을 구하고야 말겠다고 하면 절대로 병에 걸릴 수 없지만, 병에 걸리면 자신을 믿을 수 없습니다. 왜냐하면 목숨이 마치려할 때 완전히 남에게 끌려 다니게 될 것이기 때문입니다. 당신은 자신과 가까이 있는 사람들 중에 선지식은 적고, 원친채주는 많음을 알게 될 것입니다. 그 사람들이 전혀 악의가 없고 선의만 있다 하더라도 선의가 오히려 일을 엉망진창으로 만들어 버리고 당신을 왕생하도록 돕는 인연을 끊어 버리니, 왕생을 망쳐버리지나 않을까? 말할 것입니다. 바꾸어 말하면 우리가 다른 사람에게 끌려가길 바라지 않는다면 당신 스스로 책임을 지고 해낼 수 있어야 합니다. 가는 때를 미리 안다면 병에 걸릴 수 없습니다. 결코 병에 걸리지 않고 가는 때에 서서 가거나, 앉아서 갈 것입니다.

저는 동수 여러분들께서 각자 모두 매우 희망적이라는 말을 들을 것이라 생각합니다. 앞으로 우리들도 해낼 수 있습니다. 왜 해내지 못하겠습니까? 해내지 못하는 원인은 당신이 늘 마음을 놓지 못하는 일이 너무나 많기 때문입니다. 이러한 것들이 장애이고, 이것이 바로 번뇌장煩惱障이고 소지장所知障[27]입니다. 연세가 많으신 분들은 특히 그렇습니다. 연세가 많으신 분은 모두 다 내려놓아야지 책을 보아서는 안 됩니다. 왜 책을 봅니까? 왜 경전을 강설합니까? 당신에게 의심이 있기 때문입니다. 책을 보는 것은 자기 자신과 다른 사람이 의심을 끊고 믿음을 낼 수 있도록 돕기 위해서입니다. 이미 믿고 있다면 이미 의심이 없다면 다시 책을 볼 필요가 없습니다.

또한 세상 사람들의 말을 들어서도 안 됩니다. 세상 사람의 말을 듣고 무엇을 합니까? 이렇다 저렇다 뒷소리만 할 뿐 자신의 생사대사大事와 아무런 상관이 없습니다. 단지 폐해만 있지, 이익은 없습니다. 그래서 들을 필요가 없는 것입니다. **한마디 부처님 명호를 끝까지 염하고 바로 이어서 가친권속과 여러 친척도 내려놓아야 비로소 왕생할 수 있습니다. 최후에 이 일념을 내려놓지 않는다면 절대로 왕생할 수 없습니다. 이 점을 확실히 기억해 두어야 합니다.**

임종하는 때를 기다려 다시 내려놓을 필요 없이 현재 내려놓아야 합니다. 임종 때에 내려놓지 못할까 걱정하는 사람이 너무나 많습니다. 그래서 응당 하루라도 일찍 내려놓아야 합니다. 오직 지금 내려놓아야 앞으로 왕생할 자신이 있고, 대자재를 얻을 수 있습니다. 몸이

---

27) 번뇌장煩惱障은 탐진치가 장애가 되는 경우이다. 둘째는 소지장所知障으로 기왕 알고 있는 지식이 장애가 되는 경우이다.

좋지 않아도 일체를 내려놓을 수 있으면 몸은 곧 좋아집니다.

불교는 우리들에게 하나의 진리를 제공합니다. 바로 「일체법은 심상에서 생긴다」는 말씀으로, 우리는 이것을 알아야 합니다. 이것은 불교가 우리에게 제공하는 위없는 진귀한 보물로, 이것을 안다면 이번 생에 큰 복보를 얻을 것입니다. 일체법은 심상에서 생긴다는 것을 진정으로 이해하고 한결같이 부처님을 생각하면 당신의 마음 속에 부처님이 생겨서 이른바 「한 생각이 상응하면 한 생각이 부처이고, 생각생각이 상응하면 생각생각이 부처입니다(一念相應一念佛 念念相應念念佛)」 당신의 마음속에 부처님이 생기면서 당신은 부처님이 되어 갑니다.[28] 입으로만 부처님을 염하여 마음속으로 또 다른 것을 생각하여 틈 사이로 엇갈리면 그것은 쓸모없는 것이 되고, 당신의 염불공부는 완전히 다 무너져 버립니다. 우리는 이래서는 안 된다는 것을 잘 모릅니다. 특히 연세가 높은 사람은 이것저것 다시 보아서는 안 됩니다. 반드시 마음을 한결같이 쏟아 한 가지 문에 깊이 들어가야 합니다. 절대로 남들이 "한마디 「아미타불」은 너무 간단하다"고 하는 말을 들어서는 안 됩니다. 한 가지 문에 깊이 들어가면 쉽게 성취됩니다.

---

28) "제불여래께서는 그대로 법계신法界身이니, 일체 중생들의 마음 가운데 들어가 계시느니라. 그러므로 그대들의 마음에 부처님을 생각하면 이 마음이 그대로 부처님의 32상과 80수형호이니, 이 마음이 그대로 부처가 되고 이 마음이 그대로 부처님이니라. 제불의 정변지 바다는 마음으로부터 생기나니, 이런 까닭에 일심으로 계념하여 저 아미타부처님과 「다타아가도(여래)·아라하(응공)·삼먁삼불다(정변지)」를 자세히 관해야 하느니라." 『정토오경일론』, 『관무량수경』 (비움과소통) 참조.

만약 다른 사람의 말을 듣고서 그의 말이 일리가 있다고 생각하면 우리는 또 몇 가지 법문을 더 많이 배워야 하고, 당신은 곧 잘못된 길로 갑니다. 다른 사람의 말은 털끝만큼도 일리가 없습니다. 고급의 법문일수록 일체 간단합니다. 이처럼 정상의 법문은 틀림없이 가장 간단한 법문입니다. 그래야 일체 중생을 두루 제도할 수 있습니다.

당신이 믿지 못한다면 『무량수경』을 독송해보시면, 이 경전에서 부처님께서는 앞으로 불법이 모두 다 사라지고 이 경전만이 세간에 백년간 남아 있으리라고 말씀하셨습니다.[29] 부처님께서 이렇게 말씀하신 뜻은 무엇입니까? 여러분들은 여기서부터 체득하여야 합니다.

불법은 약물보다 효과가 좋습니다. 중생이 큰 병에 걸리면 병은 너무나 많고 심각해서 존재하는 어떤 약물도 효과가 없고 모두 구해내지 못합니다. 최후의 이 한마디 「아미타불」 부처님 명호만이 능히 구해낼 수 있으니, 당신은 비로소 이 법문의 수승함을 알게 될 것입니다. 이 법문은 불가사의해서 말법 세상에 불법이 모두 사라진 후 이때의 중생을 능히 제도할 수 있습니다. 이때의 중생 업장은 또한 지금 우리들보다 얼마나 더 깊고 무거운지 모를지라도

---

29) "오는 세상에는 경전과 도법이 모두 사라질 것이니라. 나는 대자비심으로 중생들을 불쌍히 여겨 특별히 이 경전을 남기어 백 년 동안 머물게 할 것이니, 그때 어떤 중생이든 이 경전을 만나는 사람은 뜻하고 발원한 대로 모두 제도 받을 수 있을 것이니라." 『정토오경일론』, 『불설대승무량수장엄청정평등각경』 (비움과소통) 참조.

그들 모두를 제도할 수 있으니 하물며 지금 우리들이겠습니까?

그래서 이번 생에 이 법문을 만났으니, 결정코 버리지 말아야 합니다. 경전과 논서 그리고 조사·대덕의 저술 및 법문, 그분들의 말씀을 만약 당신이 보고 들으며 자세히 관찰하여 그분들이 어떤 사람들에게 법문하셨는지 알아야 합니다. 바꾸어 말하면 그분들은 이러한 약을 써서 어떤 사람의 병을 치료하셨습니까? 이 사람의 병과 나의 병은 같습니까, 같지 않습니까? 이것을 잘 이해해야 합니다. 우리들도 선재동자를 따라 배워서 볼 수 있고 들을 수 있어야겠지만, 다만 절대로 상대방을 따라 배우지 말아야 합니다. 선재동자가 훌륭한 점은 곧 우리들에게 팔만 사천 법문, 무량한 법문을 보는 방법을 표현해준 이 묘수에 있습니다. 선재동자는 모두 볼 수 있었고 모두 들을 수 있었지만, 여전히 한마디 「아미타불」을 끝까지 염하여 결코 바꾸지 않았습니다.

선재동자는 볼 수 있었고 들을 수 있었는데, 우리들도 그를 따라 배울 필요가 있습니까? 우리들도 당연히 배워야 합니다. 다만 잘못 배워서는 안 됩니다. 당신이 애써 배워 보겠다고 한다면 맞지 않습니다. 배워 보겠다고 여러 선지식을 참방參訪하러 가고, 이곳저곳 참학參學하러 다닌다면 맞지 않습니다. 선재동자가 참학한 것은 이러한 뜻이 아닙니다.

일체유정 이번생에 왕생하여 부처되면
보현행원 뛰어넘어 저언덕에 오른다네
이러하니 많이듣고 널리배운 대승보살
응당나의 가르침과 여실한말 믿을지라

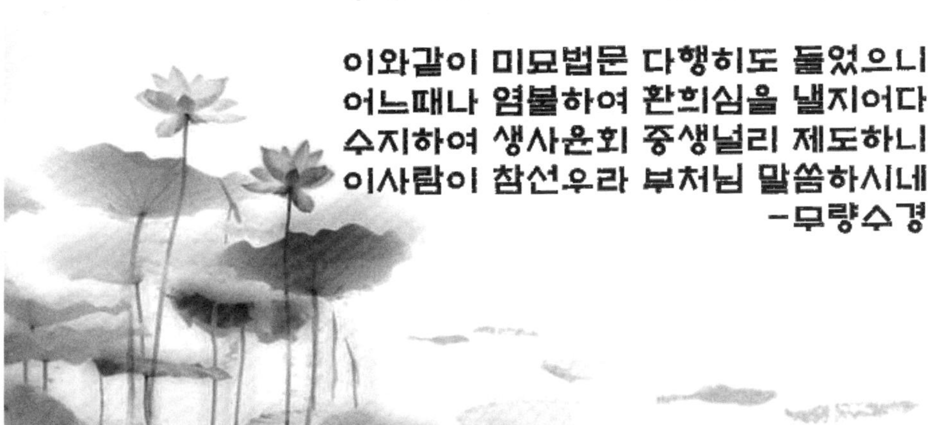

이와같이 미묘법문 다행히도 들었으니
어느때나 염불하여 환희심을 낼지어다
수지하여 생사윤회 중생널리 제도하니
이사람이 참선우라 부처님 말씀하시네
-무량수경

무슨 뜻일까요? 당신은 지금 이 세계에서 생활하고 있고, 늘 이 사회로부터 벗어날 수 없습니다. 당신은 매일 반드시 수많은 사람들, 수많은 일들과 접촉할 것입니다. 53참(五十三參)[30]은 우리들에게 어떠한 마음 태도로 사람들과 만나고 일을 처리할 수 있는지를 가르쳐 줍니다. 53참의 의도는 바로 여기에 있습니다. **당신이 마음을 잘 쓴다면 매일 아침부터 저녁까지 당신이 접촉하는 이러한 사람들과 사물들이 바로 53참입니다. 그래서 이 53분의 선지식은 현실의 사회, 각종 직업 활동분야의 남녀노소를 대표하고, 바로 아침부터 저녁까지 매일매일 만나는 존재입니다.**

보십시오. 선재동자가 그들을 만난 후 바로 육조대사께서 말씀하신 것처럼 그의 마음에 항상 지혜가 생겼다면 모두 다 선지식입니다. 우리들이 오늘날 아침부터 저녁까지 전부 번뇌가 생겼다면 모두 다 악지식惡知識입니다. **당신이 여기서 선재동자를 따라 배우면 일체의 사람들과 사물들을 모두 선지식으로 바꿀 수 있고, 우리들로 하여금 생각 생각마다 지혜를 증장시킬 것입니다.** 이래야 맞습니다. 실재로 말하면 선재동자에게 특별한 재능은 없습니다. 그의 재능은 바로 알아차리고 내려놓음에 있습니다.

이른바 **알아차림(看破)이란 일체의 사실진상 모두에 미혹하지 않고 뚜렷이 이해하는 것을 말합니다. 뚜렷이 이해한 후 어떠한 것도 배우지 않고 한마디 「아미타불」을 끝까지 염하여 하나의 법문에도**

---

30) 『화엄경』 「입법계품」에 선재동자가 차례로 남쪽으로 다니면서 53분의 선지식을 참배하는 일을 말한다.

상관 말고 주변마저도 관여하지 않는 것을 내려놓음(放下)이라 합니다. 처음부터 끝까지 한마디 부처님 명호뿐입니다. 저의 경우 이 염불법문을 그 당시 이병남 선생님께서 저에게 권해주셨습니다. 진정으로 저로 하여금 목숨을 걸고 이 법문을 배울 수 있도록 『화엄경』을 강설해 주셨습니다. **강설하신 마지막 법문, 이 일회一會인 「선재동자53찬(善財童子五十三參)」에서 저는 비로소 문득 크게 깨달았습니다. 원래 무량무변한 법문 모두가 이 법문으로 돌아가고, 이 법문은 일체 법문을 전개합니다.** 길상운吉祥雲 비구가 설한 것은 매우 상세합니다.

이 한 단락 경문의 녹음테이프가 곧 나올 것입니다. 어제 이 테이프를 보낸 것을 보았습니다. 이것은 「문수보살십신장文殊菩薩十信章」으로 『사십화엄四十華嚴』 최후의 제일법회입니다. 이 일회의 경문은 비교적 길고 매우 재미가 있습니다. 『사십화엄四十華嚴普 보현보살행원품賢菩薩行願品』은 실제로 우리들 대승 불법을 배우는 사람들에게 일상생활에서 어떻게 하루하루를 보내야 하는지, 어떻게 일해야 하는지, 어떻게 대승과 완전히 상응해야 하는지를 가르쳐 줍니다.

그래서 이 40권의 경전은 강해를 중시할 뿐만 아니라 진정으로 실천을 중요시해야 합니다. 우리들이 어떻게든 그것을 행하고, 어떻게든 우리 자신의 생활, 사상 행위를 바꾸어서 당신 스스로 부처님의 법계에 들어가야 합니다. 그렇지만 우리들은 원리 원칙에 중점을 두어야 합니다. 원리 원칙은 곧 『무량수경』의 경전제목입니다. 이 경전의 제목은 너무나 원만하여서 고덕께서는 『무량수경』은 곧 중본 『화엄』이라고 말씀하셨습니다. 이 말씀은 한 점도 틀리지 않습니다. 두 경전의 경문이 비록 광대하고 간략함이 같지 않아도 『무량수경』의 경문은 작고 단지 한 권뿐이고, 『화엄』은 80권이나 있지만 그 안의 의리義理는 완전히 서로 같아서, 늘지도 줄지도 않습니다.

저는 여러분들에게 『화엄』은 정토의 원만이고, 정토는 『화엄』의 성취이며, 두 가지는 동일한 일이라고 말씀드린 적이 있습니다. 우리들은 어떤 원칙으로 닦아나가야 합니까?

첫째 청정심清淨心으로 닦아야 합니다. 청정심을 여의면 어떤 생각이든 청정하지 못합니다. 그래서 우리들은 단지 「아미타불」을 염할 뿐, 「아미타불」을 제외하고는 어떤 일이든 마음에 담아두지 않고 당신의 마음을 텅 비워서 아무 일이 없이 지내면 당신은 가장 건강합니다. 청정심으로 염불하고, 청정심으로 생활하며, 청정심으로 일하면 청정과 상응합니다.

둘째는 평등平等입니다. 평등은 분별하지 않는 것입니다. 청정은 오염이 없는 것인데 오염은 무엇입니까? 탐 · 진 · 치 · 교만으로 물들어 마음이 일어나고 생각이 움직이며, 옳고 그름과 남과 나를 구별하는 것입니다. 오염이 없고, 분별이 없는 것이 곧 평등입니다.

셋째는 각覺입니다. 일체법 가운데 뚜렷이 이해하고 명백히 깨달아 결정코 미혹함이 없으면 당신은 깨달았습니다. 그래서 「청정 · 평등 · 각」, 이 한마디가 우리들의 표준입니다. 그것은 우리들이 염불하여 정토에 태어나길 구하는 표준일 뿐만 아니라 일체 대승법문을 수학하는 표준입니다. 당신이 불교의 어떤 종을 선택하든지 상관없이 당신이 그 법문을 수학하여 필히 「청정 · 평등 · 각」을 벗어나지 말아야 합니다. 이것은 우리들이 이전에 경전의 제목(불설대승무량수장엄청정평등각경)에 대해 강설할 때 이미 여러분들에게 상세히 설명드린 적이 있지만, 이 경전의 제목은 바로 「삼학三學」이고 「삼보三寶」입니다.

「삼학」은 계율(戒) · 선정(定) · 지혜(慧)입니다. 계율 · 선정 · 지혜를 벗어나면 불법이 아닙니다. 그래서 어떤 법문, 어떤 종파이든지 막론하고 계정혜를 벗어날 수 없습니다. 현교顯教 · 밀교密教 · 종문宗門 · 교하教下, 어떠한 법문이든 당신은 불문에 한번 들어가면 삼귀의三歸依를 받는 것을 봅니다. 삼귀의는 곧 「삼보三寶」입니다. 「삼보」는 각覺 · 정淨 · 정正입니다. 정淨은 계학戒學으로 승보僧寶입니다. 각覺은 혜학慧學으로 불보佛寶입니다. 그래서 우리들은 무엇에 의지해야 합니까? 청정 · 평등 · 각에 의지해야 합니다. 간단히 말해 각 · 정 · 정에 의지해야 합니다. 청정은 정淨이고, 평등은 정正이며, 부처는 각覺입니다.

생활이 각覺 · 정淨 · 정正에 상응하고, 일이 각 · 정 · 정에 상응하며, 일을 처리하거나 사람을 만나거나 사물을 접하거나 일체에 응수하여, 모두 각 · 정 · 정에 상응하면 당신은 진실로 부처님 공부를 하는 것입니다. 당신이 진정으로 각 · 정 · 정의 생활을 해왔다면 각 · 정 · 정의 생활이 바로 제불보살의 생활이고, 당신은 이미 범부를 뛰어넘어 고귀한 성인의 삶을 살고 있습니다. 만약 당신이 깨닫지 못하고 바르지 못하며 청정하지 못하다면 당신은 육도윤회의 생활을 하고 있는 것으로 차이가 바로 여기에 있습니다.

여러분들께서 모두 또렷이 이해해야 비로소 『무량수경』이 귀중하다는 것을 깨닫습니다. **부처님께서는 일체 경전이 모두 사라져 버려도 『무량수경』은 남을 것이라 말씀하셨습니다.** 이는 매우 일리가 있는데, **일체 경전의 정화精華가 모두 『무량수경』에 들어있기 때문입니다.** 경문을 강설할 필요도 없이 경전의 제목으로도 충분합니다. 진정으로 통달하여 또렷이 이해하면 제도를 받고, 범부를 뛰어넘어 고귀한 성인의 삶으로 들어갑니다.

동수 여러분께서 모두 다 또렷하게 이해하고, 모두 소중히 여길 수 있어, 일상생활의 아주 조그만 부분까지 모두 각·정·정에 상응하길 희망합니다. 과연 그것과 상응하려면 필히 진실로 알아차리고 진정으로 내려놓아야 합니다. 만약 털끝만큼이라도 걱정이 남아 있다면, 털끝만큼이라도 자기를 위함이 남아 있다면 상응하지 못하며, 세 글자도 없고 하나도 없습니다. 하나를 얻으면 세 가지를 모두 얻습니다. 그것이 바로 「하나이면서 셋이요, 셋이면서 하나」입니다. 내가 하나를 얻었는데, 두 가지를 여전히 얻지 못했다고 말할 리가 없습니다. 내가 두 가지를 얻었는데 여전히 하나를 하지 못한다면, 이는 모두 자신이 자신을 속이는 것이고, 자신이 사실진상을 또렷이 이해하지 못하고 있는 것입니다.

번뇌를 끊을 필요 없이 성불할 수 있는 법문은 과연 있는가?
있습니다.
오로지 이 '나무아미타불' 염불법문만이 가능할 뿐입니다.
이 때문에 염불법문을 이행도(易行道)라고 말하며,
다른 법문은 반드시 번뇌를 끊어야만 삼계에서 벗어날 수 있습니다.
– 정공법사

真誠清淨平等正覺慈悲
看破放下自在隨緣念佛
釋淨空

사상思想이 있으면 망상・분별・집착이 있습니다.
사상을 떼어버리고 내려놓는 것이 진심眞心입니다.
진심이 드러나면 보리심입니다. 이런 마음으로
비로소 분별도 없고 한계도 없고 집착도 없이
한없는 중생을 다 제도하겠다고 서원할 수 있습니다.
-정공법사의 '당생성불' 중에서

셋째 날 법문

생사해탈의 기초인 삼복三福 닦기

동수 여러분,

오늘 저녁은 여러분들과 우리 도량道場의 발전 방향과 그 목표에 대해 이야기를 나누고 싶습니다. 하나의 도량이 이와 같고, 하나의 가정, 하나의 단체도 예외가 아닙니다. 세간의 사람들은 모두 날로 번창하고, 날로 안정되며, 끊임없이 향상해서 높이 올라가길 희망합니다. 이런 생각은 올바릅니다. 그렇지만 왕왕 사事와 원願이 어긋나는데, 그 원인이 무엇일까요? 우리들은 반드시 원인을 찾아내어서 그 원인을 제거해야만 우리들의 이러한 원망을 원만하게 달성할 수 있습니다.

지금의 도량은 확실히 옛날과 다릅니다. 고대의 도량은 참으로 도道가 있었습니다. 지금의 도량은 장소(場)는 있으나, 도道는 없습니다. 그래서 사事와 마음(心)이 어긋납니다. 그렇다고 터무니없는 것은 아닙니다. 무엇을 「도」라고 합니까? 간단히 말하면 「도」는 우리들의 보는 법 · 생각하는 법 · 표현하는 법 · 하는 법입니다. 사실진상에 상응하면 이것이 바로 「도」입니다. 사실진상은 바로 『반야경』에서 늘 말하는 「제법실상諸法實相」입니다. 실상과 상응할 수 있음이 바로 「도」이고, 제불보살이 행하는 도입니다. 만약 사실진상과 서로 어긋나면 도를 잃어버리게 됩니다. 잃어버려도 「도」라고 할 수 있습니다. 그것은 깨달음에 이른 도가 아니고, 미혹 전도된 「도」입니다. 미혹이 심각하면 바로 삼악도三惡道입니다. 이것도 도입니다. 만약 도량에서 삼악도를 닦으면 이것은 골칫거리입니다.

부처님께서는 우리들에게 삼악도三惡道를 닦지 말라고 하였을 뿐만 아니라 삼선도三善道도 좋지 않다고 하셨습니다. 그것들은 모두 문제를 해결할 수 없습니다. 그래서 반드시 육도六道를 벗어나야 합니다. 육도의 위쪽은 성문도 · 연각도 · 보살도로 이것을 「정도正道」라고 합니다. 이로써 육도의 도는 모두 바르지 않음을 알 수 있습니다. 우리는 이래서는 안 된다는 것을 잘 모릅니다. 그래서 **부처님 공부를 하는 동수 여러분들께서는 반드시 육도윤회를 벗어나는 것을 이번 일생에 노력해야 하는 목표로 삼아야 합니다.**

그렇다면 육도윤회는 어떻게 오는 것입니까? 반드시 뚜렷이 이해해야 하고 명백히 깨달아야 합니다. 이것은 바로 사실진상을 뚜렷이 이해해야 함을 말합니다. 앞에서 여러분들에게 말했지만 육도는 심각한 집착으로부터 변하여 나타난 것입니다. 육도의 바깥인 사성법계四聖法界도 진실의 것이 아닙니다. 이것은 분별로부터 변하여 나타난 것입니다. 이것은 바로 성문 · 연각 · 보살로 십법계 안의 부처도 포함합니다.

십법계 안에 부처가 있습니다. 이 안의 부처는 바로 천태학자들이 말하는 장교藏教의 부처 · 통교通教의 부처와 같아서 모두 십법계에 속하는 것으로 벗어날 수 없습니다. 별교別教는 십법계를 벗어날 수 있습니다. 별교의 지상보살地上菩薩은 일품무명(一品無明 ; 근본무명)을 깨뜨려 일분법신一分法身을 증득하여 십법계를 벗어날 수 있습니다. 별교에도 십지보살十地菩薩 · 등각보살等覺菩薩 · 부처佛가 있습니다. 이로부터 별교의 부처는 41품의 무명 중에서 오직 12품의 무명만 깨뜨려서, 원교圓教의 제2행위行位 보살에 상당함을 알 수 있습니다.[31] 원교圓教의 초주보살初住菩薩은 일품무명을 깨뜨려 일분법신을 증득합니다. 초주初住의 미혹(惑)을 끊고 진여(真)를 증득함을 말하면 별교의 초지初地에 해당합니다. 제1 행위行位의 보살은 별교의 등각等覺에 해당하고, 제2 행위의 보살은 별교의 불과佛果에 해당합니다. 여러분들이 천태학자들이 말한 것을 잘 살펴보시면 명확하게 이해하실 겁니다.

그래서 십법계 안의 부처는 장교 · 통교가 십법계에 있어 벗어날 수 없습니다. 바꾸어 말하면 그는 분별을 깨끗하게 끊지 못했습니다. **분별 · 집착을 만약 완전히 깨끗하게 끊는다면 십법계를 벗어납니다. 이것이 바로 『화엄경』에서 말하는 41위의 법신대사法身大士입니다. 그들은 범부가 아니고 권교權教 · 이승二乘도 아니며 진정한 보살**

---

31) "별교의 부처는 단지 12품의 무명만 끊어서 단지 부분만 증득하고 원만히 증득하지 못합니다. 원교의 부처는 41품 무명을 다 끊어서 구경청정법신을 원만히 증득합니다." 『아미타경요해阿彌陀經要解 강기』, 정공법사

입니다. 불법 안에서 늘 권교權教와 실교實教를 말합니다. 「실實」은 바로 진실을 뜻합니다. 일품무명을 깨뜨린 이후가 진실입니다. 아직 무명을 깨뜨리지 못한 이전 단계를 모두 「권교」라고 합니다. 권교는 진실이 아닙니다. 우리는 이러한 도리를 명백히 알아야 합니다. 그런 후에야 진정으로 부처님의 가르침을 체득할 것입니다.

불교는 우리들에게 권교의 방편을 열어 진실의 실교를 드러내 보입니다(開權顯實). 권교 소승범부의 결박이 풀린 연후에 진실이 드러납니다. 진실은 우리들이 본래 갖추고 있는 것입니다. 그래서 우리들에게 확실히 몫이 있습니다. 몫이 없는 것이 아니라 진실로 몫이 있습니다. 통상 대승법 안에 설하는 것은 미혹과 깨달음입니다. 십법계는 미혹이고, 육도 안에서 미혹의 밤은 깊습니다. 일진법계는 바로 깨달음입니다. 깨달아야 일진一真이 있고, 미혹하면 육도가 있으며 십법계가 있습니다.

그렇지만 마명보살께서 『기신론起信論』에서 좋은 말씀을 해주셨습니다. 그 어르신께서는 「**본각은 본래 구족하고 있으며(本覺本有), 불각은 본래 없다(不覺本無)**」고 하셨습니다. 이 두 마디 말씀은 너무나 중요합니다. **본각本覺은 본래 있어 우리들은 당연히 증득할 수 있습니다. 바꾸어 말하면 우리들은 응당 부처가 되고, 보살이 되어야 합니다. 불각不覺은 본래 없습니다.** 불각은 망상 · 분별 · 집착으로 이것은 **본래 없습니다. 본래 없어서 우리들은 당연히 끊어 버릴 수 있는 것입니다.** 본래 있는 것은 필히 증득할 수 있습니다. 이 두 마디 말씀은 범부가 능히 부처가 될 수 있음을 보증합니다.

그래서 우리들은 맨 먼저 신심信心을 내야 합니다. 정종淨宗은 신 · 원 · 행 이 세 가지 조건을 요구할 뿐만 아니라 확실하게 이야기를 합니다. 다른 종파, 다른 법문에서는 신 · 원 · 행을 말하지 않습니까? 그래서 일반 사람들은 신 · 원 · 행을 언급하면, "아, 정토종을 말하는구나!" 합니다. 기실은 어떠한 종파도 믿음이 없고, 발원이 없으며, 행이 없으면 모두 성공할 수 없습니다. 선종이든, 밀교이든, 교종이든, 모두 믿음 위에서 세운 원력이라야 당신을 진지하게 수학하도록 밀고 갑니다. 원력이 없다면 당신의 수학은 게을러져서 정진할 수가 없습니다. 그래서 필히 대원大願을 세워야 합니다.

여러분 모두 대보리심의 기초 위에서 대승법을 이해하여야 합니다. 무엇이 「대보리심大菩提心」이라 합니까? 대보리심은 바로 대원입니다. 그래서 진실한 믿음과 대원이 있어야 우리들의 행은 자연스럽게 상응합니다.

그렇지만 난제가 찾아옵니다. 우리들이 대승경론을 상당한 시간 동안 대략 섭렵하였다 하더라도 우리들의 번뇌 · 습기를 끊어버리지 못합니다. "저는 알고 있지만, 행할 수가 없습니다."라고 말하는 동학들이 매우 많습니다. 알고 있지만 행할 수 없다는 것이 진실입니까? 그는 진실이라고 믿지만, 저는 믿지 못합니다. 저는 당신이 행할 수 없는 것이 당신이 확실히 알지 못해서라고 느낍니다. 확실하게 안다면 할 수 없는 것이 있겠습니까? 그러면 어떻게 합니까? 다시 경전의 가르침을 향해 깊이 들어가야 합니다.

그래서 경전의 가르침을 연구하는 것입니다. 부처님의 표준은 의취義趣를 깊이 이해하는 것입니다. 당신은 경전의 가르침에 대한 이해가 깊습니까? 경전에서 말하고 있는 의리義理, 말하고 있는 취향趣向을 당신은 끝까지 얼마나 체득할 수 있습니까? 당신은 끝까지 얼마나 명료하게 이해할 수 있습니까? 당신이 오늘 행할 수 없는 까닭은 바로 당신이 깊이 이해할 수 없고 확실히 이해할 수 없기 때문입니다. 진정으로 깊이 있게 확실히 이해한다면 행할 수 없는 것이 있겠습니까?

불법은 실재로 그 진실은 알기 어려우나 행하기는 쉬우며, 조금도 거짓이 아닙니다. 바꾸어 말하면, 의취를 깊이 이해하기는 어려우나, 범부가 성불하기는 쉬우며, 조금도 어렵지 않습니다. 생각을 바꾼다면 성취할 수 있습니다. 어떤 생각입니까? 『금강경』에서 「아상我相 · 인상人相 · 중생상衆生相 · 중생상壽者相」이라고 잘 말하고 있습니다. 당신이 이 생각을 「무아상無我相 · 무인상無人相 · 무중생상無衆生相 · 무수자상無壽者相」으로 바꾸면 곧 성불합니다.

이 사상四相이 바로 분별 · 집착이라고 생각하십시오. 이 사상을 분별하면 당신은 십법계를 벗어날 수 없습니다. 이 사상에 집착하면 당신은 육도윤회를 벗어날 수 없습니다. 우리는 오늘 이 사상의 견고한 분별 집착에 대해 비록 부처님께서 이렇게 말씀하시는 것을 들으면 일리가 있지만, 우리들은 아직도 분별하고 집착합니다. 이러한 원인을 지금 막 말했지만, 우리들은 「사상비상四相非相」에 대해 확실히 이해하지 못하였습니다. 진정으로 철저히 이해하여야

만 이 문제를 해결할 수 있습니다.

다시 묻겠습니다. 해결한 후에 아직도 아我 · 인人 · 중생衆生 · 수자壽者가 있습니까? 여러분들에게 말씀드리면, 아직도 아我 · 인人 · 중생衆生 · 수자壽者가 있다는 것은 선종에서는 이런 말이 있습니다. 깨닫지 못했을 때에 산을 보면 산이요, 물을 보면 물입니다. 깨달았을 때 산을 보면 산이 아니요, 물을 보면 물이 아닙니다. 깨달은 후에는, 산을 보면 아직도 산이요, 물을 보면 아직도 물입니다. 이 세 문구를 상세하게 음미해보십시오.

깨달은 후의 경계란 무엇입니까? 마음을 일으키고 생각을 움직임이 자기 자신을 위한 것이 아닙니다. 깨닫지 못한 때에는 마음을 일으키고 생각을 움직임이 나를 위한 것입니다. 우리 출가인들에게는 나의 도량을 위한 것입니다. 이는 깨닫지 못한 것입니다. 깨달은 후에는 「만법이 모두 공하니, 얻을 수 없음을 요달하다(萬法皆空 了不可得)」는 이치를 압니다. 그러면 깨달은 후에는 어떻게 할까요? 깨달은 후에는 당신의 대원을 실현시켜야 합니다. 당신은 이미 발원하였습니다. 가없는 중생을 다 제도하고자 서원하였다면 당신은 중생을 제도하겠다는 서원을 실현시켜야 합니다. 당신이 말한 것에 책임을 지지 않았다면 이때 약속을 실행해야 합니다. 이로 인해 마음을 일으키고 생각을 움직이며 언어를 구사하는 것은 모두 중생을 위한 것이고 다시는 나 자신을 위한 것이 아닙니다.

비록 일체중생을 위할 지라도 마치 『금강경』에서 「무량무수의 중생을 제도하였을지라도 실은 제도를 받은 중생은 없느니라(度無量無數衆生 而實無衆生得度者)」라고 말한 것과 같습니다. 어떻게 「실은 없다(實無)」라고 말합니까? 마음속에 아무 일도 없는 것처럼 제도를 하는 주체(能度), 제도를 받는 대상(所度)이 있다고 절대로 집착하지 않습니다. 당신이 이런 생각을 조금이라도 한다면 분별·집착에 떨어지고 깨닫지 못합니다. 깨달은 사람에게는 결정코 이러한 집착이 없습니다. 그래서 깨달은 후에 산을 보면 아직도 산이고, 물을 보면 아직도 물입니다. 일체중생과 화광동진和光同塵32)하여 일체중생을 위해 가장 훌륭한 본보기를 보입니다. 중생에게 연기해 보여주는 목적은 중생이 깨닫도록 도와주는 것입니다.

당신이 그런 행에 있든지 상관없이, 어떤 일을 하던지 상관없이, 사회에 대해서든 중생에 대해서든 모두 보살도를 행하는 것이고 보살도를 닦는 것입니다. 보살도·보살행은 출가를 필요로 하지 않습니다. 만약 꼭 출가해야 보살도를 닦을 수 있고, 보살행을 할 수 있다면 당신에게는 또한 분별·집착이 있습니다. 당신이 닦는 것은 육도행六道行이자 범부행으로 보살행이 아닙니다.

최근 우리가 강설한 『사십화엄四十華嚴』은 바로 『보현보살행원품普賢菩薩行願品』입니다. 여러분들은 이 이름을 듣고서 오해할 필요는 없습니다. 우리는 평상시 『보현보살행원품』, 오직 얇은 책 한권만을

---

32) 불·보살이 중생을 구제하기 위한 방법 수단으로 찬란하게 눈부신 무루지(無漏智)의 광명을 잠깐 숨기고, 세속의 번뇌 오탁의 티끌에 섞여서 중생들에게 인연을 맺게 하고, 마침내 불법으로 끌어들이는 것을 일컫는다.

읽고 있습니다. 이 한 권은 최후의 한 권으로 전체 경문은 전부 40권입니다. 이 안쪽은 두 가지 부분으로 나뉩니다. 일부분은 본회本會인 「여래회如來會」이고, 일부분은 말회末會인 「보살회菩薩會」입니다. 말회 안에 선재동자 53참이 있습니다. 본회의 경문은 3권이 있고, 말회의 경문은 37권이 있습니다.

우리는 한번 이 경전을 선별해서 강설하였는데, 말회에서 강설을 시작하였습니다. 말회에서 첫째 단원이 「문수보살십신장文殊菩薩十信章」입니다. 문수보살은 십신위十信位와 왕생 후 십주十住 · 십행十行 · 십회향十迴向 · 십지十地 · 등각等覺보살을 대표합니다. 이 순서에 따라 53위의 선지식이 대표하여 나오지만, 문수의 십신十信은 근본이자 기초입니다. 수행은 「믿음」으로부터 입문해야 합니다. 당신의 믿음에 한계가 있고 힘이 없으면 당신에게는 수학할 수 있는 방법이 없습니다. 대경(대반열반경)에서는 오근五根 · 오력五力 · 오안五根 · 오력五力을 항상 말하고 있습니다. 첫째는 신근信根 · 신력信力입니다. 믿음은 근根으로부터 힘이 나온 후라야 참학參學할 수 있습니다.

「믿음」을 말하였다면 그 나머지 네 가지는 없습니까? 믿음 후에는 진進 · 념念 · 정定 · 혜慧가 있습니다. 한 가지를 말하면, 이 다섯 가지가 모두 갖추어져 있습니다. 그래서 언제 참학할 자격이 있습니까? 반드시 오근五根 · 오력五力이 있어야 비로소 참학할 자격이 있습니다. 선재동자는 문수보살의 이 일회 안에서 무엇을 배웠을까요? 바로 오근 · 오력을 성취한 후 선생님께서 그에게 참학할 것을 권하셨습니다. 만약 그에게 근과 힘이 없었다면 참학할 수 없었을 것입니다. 이렇다면 꼭 스승님과 상의해보아야 합니다. 당신이 진망真妄·사정邪正·시비是非를 판별할 능력이 없는데, 어떻게 참학할 수 있겠습니까? 우리가 『화엄』을 독송하려면 이 부분을 향해 체득해나가야 합니다. 이것은 이理를 말합니다. 이理를 분명히 알아야 합니다. 우리들이 수학하는 방향 목표가 명료하면 틀리지 않습니다.

이理를 알고 사事를 점차 닦아 나가야 합니다. 우리는 상상근기의 사람이 아닙니다. 실제로 우리는 모두 중하근기의 사람입니다. 사람의 수학은 사事에서 꼭 순서를 따라 점차 나아가는 것입니다. 차례로 한 걸음 한 걸음 전진해 갑니다. 어떤 순서로 전진해야 합니까? 순서가 뚜렷하지 않으면 전진할 수 없습니다. 부처님께서는 『관경觀經』에서 말씀하여 주신 삼복三福33)은 수행의 근본이자 수행의 기초입니다. 부처님께서는 매우 분명히 말씀하셨습니다. 이 세 가지는 「삼세제불께서 닦는 정업의 정인」이라는 말씀으로 명백하고 뚜렷하게 이해할 수 있습니다.

삼세三世란 과거·현재·미래입니다. 과거·현재·미래의 일체제불께서는 어디서부터 닦으셨습니까? 이 기초로부터 닦으셨습니다.

---

33) "저 극락세계에 태어나고자 하는 이는 마땅히 삼복을 닦아야 하느니라. 그 첫째는 부모님께 효도 봉양하고, 스승과 어른을 받들어 모시며, 자비로운 마음으로 살생을 하지 말고, 열 가지 선업을 닦아야 하며, 둘째는 삼보를 받아들이고 늘 기억하여, 온갖 계행을 구족하고 위의를 범하지 않아야 하며, 셋째는 보리심을 발하고, 깊이 인과를 믿으며, 대승경전을 독송하고, 권면하고 이끌어주어야 하나니, 이와 같은 세 가지 일을 극락세계에 왕생하는 청정한 업이라 이름하느니라." 『정토오경일론』 '관무량수경'(비움과소통) 참조

당연히 **일체제불의 수행修行·증과證果·성불成佛은 절대로 오직 한 가지 법문만을 닦아서 성불하는 것이 아니라 갖가지 법문을 닦아 모두 부처가 될 수 있고 보살이 될 수 있습니다. 바꾸어 말하면 8만4천 법문, 무량법문의 기초가 어디에 있습니까? 바로 이 삼복三福에 있습니다.** 우리가 오늘날 수행공부에 득력得力하지 못하는 원인을 알아야 합니다. 기초공부가 없어서 마치 집을 지을 때 날마다 필사적으로 짓고, 설계도를 그리며 어디서부터 지을 것인지 생각해 내려고 애쓰지만, 지어도 얼마 되지 않아 무너져버리는데, 그 원인이 무엇입니까? 지반을 닦지 않고, 기초를 닦지 않은 것에 있습니다. 우리는 이러한 잘못을 범하고 있습니다.

옛날부터 내려오는 대덕들의 이야기를 잘 살펴봅시다. 『고승전高僧傳』·『거사전居士傳』을 보십시오. 『대장경大藏經』에도 『선남자선여인전善男子善女人傳』이 있습니다. 그분들을 잘 살펴보면 그 가운데 무수히 많은 사람들이 수년간, 8년 내지 10년 안에 성취하였습니다. 개오開悟를 한 이도 있었고, 증과證果를 얻은 이도 있었으며, 선정을 얻은 이도 있었습니다. 모두 다 성취가 있었습니다. 우리가 오늘날 수행하는 시간은 그들에 비해 깁니다. 오랫동안 수행한 사람들이 너무나 많은데 무엇 때문에 성취가 없습니까? 만약 이 부분에서부터 반성하고 점검하지 않으면 이번 생에 성취하고 싶어도 확실히 불가능합니다.

여기서부터 원인을 찾아나갈 수 있습니다. 그 원인을 찾은 연후에 다시 이들 원인을 없애야 우리에게 희망이 있습니다. 그래서 진정한 원인은 우리에게 순차적으로 점차 정진함(循序漸進)이 없다는 것입니다. 우리는 순서를 뛰어 넘으려고 합니다. 마치 집을 지을 때처럼 나에게는 지반이 필요 없다. 지반이 필요 없을 뿐만 아니라 일층도 나에게는 필요 없고, 직접 2층을 지으려고 하는데 성공할 수 있겠습니까? 불가능한 일입니다. 우리는 오늘날 부처님 공부를 할 때 이런 식으로 법을 어깁니다. 여기서 모두 잘못하고 실수를 범합니다. 삼복三福부터 시작하려고 하지 않습니다.

그래서 실재로 **대승불법에서 어느 종파, 어느 법문이든지 상관없이 종극에 도달하고자 하는 목표는 바로 마음을 밝혀 성품을 보고(明心見性), 성품을 보아 성불하는 것(見性成佛)으로 이것이 바로 삼복三福의 완성이고 삼복의 원만입니다.** 우리들이 어떻게 삼복三福을 경시할 수 있겠습니까? 부처님께서는 세 가지를 말씀하셨습니다. 실제로 이 세 가지는 세존께서 49년 동안 설하신 일체법이 모두 그 안에 포함되어 있습니다. 바로 화엄에서 말한 「하나가 곧 일체이고 일체가 곧 하나(一即一切 一切即一)」입니다. 삼복三福이 바로 하나입니다. 49년 동안 설한 일체법이 여럿으로 하나가 곧 여럿이고, 하나와 여럿은 둘이 아닙니다. 그러면 삼복三福을 이해한 뜻의 깊이와 광대함은 다함이 없습니다.

제1구는 우리에게 「**부모님께 효도로써 봉양하라**(孝養父母)」 고 가르칩니다. 우리는 왜 효도를 실천하지 못합니까? 「효孝」를 이 법문의 주인으로 삼고, 기타 존재하는 모든 법문은 모두 다 손님입니다. 불법에서는 「주인과 손님(主伴)」을 말합니다. 불법에서는 「하나(一)」

는 「오직 하나(獨一)」가 아니라, 「둘 중의 하나(任一)」를 뜻합니다. 「오직 하나」를 설하면, 이는 틀린 것입니다. 어떠한 법문이라도 모두 일체법문을 포함합니다. 그래서 불법은 평등한 법이자 원융한 법입니다. 불법은 확실히 이와 사가 걸림이 없고(理事無礙) 사와 사가 걸림이 없는(事事無礙) 법으로 장애가 없는 법입니다. 『보현행원품普賢行願品』의 품 제목 전체 문장이 「입부사의해탈경계入不思議解脫境界」입니다. 「부사의해탈경계」란 바로 걸림이 없는 경계입니다. 이것은 들어가는 대상(所入)으로 바로 일진법계입니다.

어떤 방법으로 들어갑니까? 보현행원으로 이것이 「들어가는 주체(能入)」입니다[34]. 뒤쪽은 주체(能)와 대상(所)이 둘이 아님을 알아야 합니다. **능소能所를 두 토막으로 나누면 당신은 들어가 나아갈 수 없습니다. 주체와 대상이 둘이 아님을 알아야 정말로 일진법계에 들어갈 수 있습니다. 그래서 주체와 대상이 있으면 들어가 나아갈 수 없습니다. 「주체와 대상(能所)」이란 생각이 없으면 당하에 바로 일진법계입니다.**

그래서 효는 바로 일법一法이고 이 일법은 일체불법을 포함합니다. 당신이 이 일법을 원만하게 할 수 있으면 구경원만하신 부처님을 성취할 수 있습니다. 이로부터 등각보살은 아직도 일품생상무명一品

34) 소입所入은 해탈경계로 실천을 통해 들어가야 할 곳, 이는 곧 존재의 실상을 깨닫는 것, 깨달음을 통해 가야 할 곳, 즉 목적지를 말하고, 능입能入은 보현행원으로 해탈의 세계로 들어가려는 주체의 능동적인 실천, 깨달음의 세계로 들어가기 위한 방법을 말한다.

生相無明을 깨뜨리지 못하였음을 알 수 있습니다. 등각보살은 효도에 대하여 빚을 갚아야 할 것이 약간 부족하여 아직 원만하지 않습니다.

어떻게 효孝를 실천해야 합니까? 구경원만하신 부처님을 배워야 이 법문을 닦는 것입니다. 부모님께 봉양할 뿐만 아니라 부모님께 봉양함이 자신을 위하는 일이 아니어야 합니다. 내 집안을 위한 일인가? 나를 위한 일인가? 이런 생각이 있다면 부처님 공부가 아니라 세간의 효입니다. 불법에서는 「부모님께 효도로써 봉양하는 것」에 대해 어떻게 설법하고 있습니까? 내가 부모님께 효도로써 봉양하는 모습을 일체중생에게 보여주는 것입니다. 일체중생이 부모님께 효도로써 봉양하지 않더라도 내가 부모님께 효도로써 봉양하는 본보기가 되어야 합니다. 나 자신과 내 집안을 위하는 것이 아니라 일체중생을 위하는 것이어야 합니다. 보십시오. 바로 이러한 생각이 다를 뿐입니다. 이것이 바로 불법입니다.

나를 위하고, 내 집안을 위하는 것은 세간법世間法입니다, 왜 그렇습니까? 당신에게 망상 · 분별 · 집착이 있기 때문입니다. 그러나 일체중생을 위하는 것은 바로 보살도이고, 바로 보살행입니다. 마치 연극으로 표현하는 것처럼 이것은 자신에게 보여주는 것이 아니라 관중에게 보여주는 것입니다. 이러한 법계가 바로 무대이고, 제불보살께서는 여기에서 구법계 중생에게 연극을 보여주셔서 그들이 미혹을 깨뜨려 개오하도록 도와줍니다. 마음 씀이 완전히 같지 않으니, 여러분들은 자세히 이 뜻을 체득하십시오.

그래서 효도로써 봉양함은 물질생활을 꼼꼼히 보살필 뿐입니다. 특히 이 시대에 사는 여러분들은 모두 효도를 잊어버렸습니다. 우리 부처님 공부를 하는 사람들은 특히 이 방면을 강화하여야 합니다. 이를 「부처님 공부(學佛)」라 합니다, 만약 부모님께 효순孝順[35]하지 않는다면 하루에 3천 가지 주요부문과 부딪혀도 모두 쓸모가 없고 완전히 거짓된 것입니다. 그래서 제불보살께서 중생에게 본보기가 되어 주신 것을 확실히 기억해 두어야 합니다. 우리는 부처님 제자가 되어 불보살님을 공부하여 사회대중의 본보기가 되어야 합니다. 우리가 마음을 일으키고 생각을 움직이며 언어를 구사하여 이러한 방법을 강구하고 이 사회에 본보기가 되지 않을 수 있겠습니까? 이것이 바로 표준입니다. 만약 사회대중에게 모범이 된다면 이런 생각을 일으키지 않을 수 없고 이러한 일을 하지 않을 수 없습니다. 만약 이런 생각과 이런 일이 일체 중생에게 본보기가 되고 모범이 되는 것을 가르칠 수 있다면 우리는 이런 생각을 움직일 수 있고, 이런 일을 할 수 있습니다. 이것이 바로 이른바 「사람마다 이 마음은 같고, 마음마다 이 이치는 같다(人同此心心同此理)」라는 말입니다. 불법은 정情과 이치에 통달합니다. 이것이 불법의 좋은 점입니다.

---

35) 「효순」이라는 말이 쓰이는 맥락을 살펴보면, 그 말의 뜻에는 다만 「효도」만의 의미로 쓰인 것이 아니라 '부드럽게 수순(隨順)한다'의 의미를 담고 있다. "보살은 효순하는 마음을 일으켜서 모든 중생을 제도해야 한다"고 설하는 것을 보면 말이다. 효는, 이제 모든 중생을 향하고 있는 '열린 개념'으로 쓰여야 한다. - 김호성 교수

만약 진정으로 어떻게 할지 잘 모르면 『화엄』을 자세히 독송해 보십시오. 전면에는 이론 · 방법 · 경계를 확실히 설명하고 있고 이면에는 곁들여 표연表演하기도 합니다. 선재동자와 53위의 보살들은 본보기가 되어서 우리들에게 보여주고 어떻게 법을 배울 것인지 가르쳐 줍니다. 실제로 말하면 나에게 어떻게 생활할 것인지, 어떻게 시간을 보낼 것인지, 어떻게 작업할 것인지, 어떻게 일을 처리하고 사람과 관계를 맺으며 사물과 접할 것인지 가르쳐 줍니다. 『화엄』이 이 모든 것을 말하고 있습니다.

「어떻게」 속에 표준이 있습니다. 어떤 표준을 말합니까? 불보살의 표준으로 당신에게 어떻게 불보살의 생활을 할 것인지 가르쳐 줍니다. 불보살은 깨달음의 생활이고, 지혜의 생활입니다. 지혜일뿐만 아니라 구경원만한 지혜의 생활이고, 구경원만한 지혜의 일입니다. **당신이 어떠한 작업을 하던지 상관없이 모두 구경원만에 도달할 수 있습니다. 일을 처리하고, 사람과 관계를 맺으며, 사물에 접하는 일상의 응수應酬가 모두 구경원만한 지혜에 도달합니다. 우리들은 바로 불보살의 시간을 보내고 진정으로 깨달은 생활을 보냅니다. 미혹하여 전도되지 않고 날마다 그 속에서 업을 짓지 않습니다.**

불보살의 시간을 보내고 있지 않는다면 당신은 범부의 시간을 보내고 있습니다. 범부의 시간은 업을 짓지 않을 수 없습니다. 『지장경地藏經』에서 매우 잘 설명하고 있습니다. 「염부제閻浮提 중생들은 마음을 일으키고 생각을 움직이며 죄를 짓지 않음이 없습니다(衆生起心動念無不是罪)」 왜 그렇습니까? 그가 범부의 생활을 보내고 있기 때문입니다.

범부는 자기의 이익만 생각하고 그 관념이 크게 잘못되어 있습니다. 병의 뿌리가 어디에 있습니까? **병의 뿌리는 범부는 「나(我)」가 있다고 집착하는데 확실히 있습니다. 그래서 부처님께서는 실마리를 한번 열어보이셔서 곧 아견을 깨뜨려 없애십니다. 「아견我見」은 바로 「나」에게 집착하는 선입견(成見)입니다.** 부처님께서는 이런 선입견은 잘못된 것이고, 이 선입견은 허망하여 진실하지 않다고 말씀하셨습니다. 나란 존재는 없는데, 당신이 이 「나」에게 집착하면 틀렸습니다.

처음 부처님 공부를 하는 사람이 만약 「나란 존재는 없다」라는 말을 들으면 당황합니다. 내가 없다니, 이거 큰일이지 않습니까? 그러면 내가 부처님 공부를 하고 한평생 배운 다음에는 무엇을 이룰 것인가? **범부가 집착하는 「나」는 확실히 없습니다. 그렇지만 당신이 깨달은 후에는 참나(真我)가 있습니다. 대승불법에서 「상락아정常樂我淨」을 설하고 있습니다. 이 네 글자는 가상이 아니라 진실입니다.** 그런데 미혹할 때 아직 깨닫기 전에 「상락아정」은 이름만 있지 실체는 없습니다. 이 네 글자는 완전히 없습니다. 육도 속에는 없습니다. 여러분들에게 말씀드리자면 십법계 안에는 없고 일진법계 안이라야 있다고 부처님께서 말씀하셨습니다.

일진법계 안에 당신은 법신·반야·해탈의 세 가지 덕을 성취합니다. 법신 안에 「상락아정」의 네 가지 청정한 덕이 있습니다. 반야 안에도 상락아정이 있고, 해탈 안에도 상락아정이 있습니다. 그래서 이 가상의 '나'에 대한 잘못된 집착을 내버린 후에 비로소 '참나'입니다. 참나는 자성이고, 참나는 바로 법신입니다. 참나는 바로 진실지혜이고 반야는 진실지혜로 자성 안에 본래 갖추어져 있습니다. 해탈은 바로 대자재이고 자성 안에 본래 갖추어져 있는 덕능德能입니다.

그래서 우리는 어디서부터 시작해야 합니까? 「부모님께 효도로써 봉양하는 것」에서부터 시작해야 합니다. 우리가 마음을 일으키고 생각을 움직이며 언어를 구사하여 생각해 보아 어떻게 해야 부모님께 볼 낯이 있겠습니까? 중생에게 어떤 좋은 모습을 보여주겠습니까? 만약 이것이 마땅히 해야 하는 것이 아니라고 깨달으면 우리 생각은 움직일 리가 없습니다. 불법은 다른 사람이 우리에게 약속하는 것이 아니라 스스로 마음을 일으키고 생각을 움직여서 자연스럽게 약속하는 것입니다.

부모님의 몸을 봉양할 뿐만 아니라 부모님의 뜻을 봉양하는 것이 바로 부모님께서 우리에게 바라시는 것입니다. 부모님의 마음을 봉양하여야 효를 다할 수 있습니다. 그렇지만 부모님께서 만약 지혜가 없다면 마치 『무량수경』에서 「과거의 사람은 선을 행하지 않고(先人不善)」[36]라고 설하고 있는 것처럼 지혜가 없으면 우리는

36) "과거의 사람들은 선을 행하지 않고 도덕을 알지 못하였으며, 이를 말해주는 사람조차 없어 세상살이가 이런 지경에 이르렀으니, 전혀 이상할 것도 없느니라. 이들은 생사 육도윤회의 과보와 선악의 업인을 모두 믿지 않았고, 아예 이러한 일은 없다고 말하였느니라." 『정토오경일론』 '불설대승무량수장엄청정평등각경'(비움과소통) 참조

어떻게 부모님의 뜻을 봉양해야 하겠습니까? 어떻게 보모님의 마음을 봉양해야 하겠습니까? 부모님의 뜻은 당신이 날마다 큰돈을 벌어서 봉양하기를 희망하고, 부모님의 마음은 날마다 오욕육진을 누리기를 희망합니다. 그러면 어떻게 하겠습니까? 우리는 부모님을 봉양해야 합니까?

대답은 그래도 봉양해야 합니다. 효도로써 봉양함에 「효도」가 중요합니다. 어떻게 부모님을 감화시킬 수 있겠습니까? 부모님께 일깨워 드릴 수 있겠습니까? 부모님을 깨닫게 할 수 있겠습니까? 이를 위해 스스로 어리석지 말고 매우 지혜로워야 합니다. 늘 수순하는 가운데 감정적이지 않고 지혜가 있어야 합니다. 이 속에 선교방편善巧方便이 있습니다. 이래야 진정으로 부모님을 도울 수 있습니다. 부모님으로 하여금 이번 일생에 매우 행복하게 하고 아주 즐겁게 보내도록 하여 다음 생에 윤회를 벗어나도록 도와야 합니다. 다시 한번 여러분에게 말씀드리자면 부모님께서 윤회를 벗어나시게 해야 합니다. 꼭 정토에 왕생하시게 하여야 합니다. 이렇게 효도로써 봉양하면 원만합니다.

수많은 자녀들이 부처님 공부를 하면 부모님께서는 믿지 않고 반대하는 이 같은 상황을 너무 많이 봅니다. 저에게 이렇게 이야기하는 동수 여러분들이 매우 많습니다. 저도 그분에게 말합니다. "당신은 진실로 부처님 공부를 하는 것이 아니고, 불법을 이해하지 못하고 있습니다." 만약 진실로 부처님 공부를 하여 진실로 불법을 이해한다면 당신의 부모님께서 꼭 기뻐하실 것입니다. 설사 부처님 공부를 하시지 않더라도 절대로 불법을 반대하시지 않을 겁니다. 바꾸어 말하면 **당신 부모님께 당신 스스로 가르침에 의지하여 받들어 행하지 않고, 깨달은 모습을 표현하지 못하는 모습을 보여준다면 이것은 안다고 할 수 없는 것입니다.**

모르면 곧 착실하게 학습해야 합니다. 공부한 후 명백해지면, 꼭 생활 속에서 해낼 수 있습니다. 「집이 화목하면 만사가 흥하다(家和萬事興)」라는 속담이 있습니다. 부모님께서 연세가 많으시면 자녀 걱정이 대부분입니다. 자손 되는 사람으로 어떻게 한 집안, 한 종족 사람들과 화목하게 함께 잘 지낼 수 있을까? 이것이 큰 학문(大學問)입니다. 진실로 지혜로워야 합니다. **한 가정, 한 종족을 하나의 도량으로 바꾸면, 비록 여전히 신분 및 생활방식을 개조하고 변신시키지는 못하였을지라도 당신은 보살이 되고 성불합니다.** 이것이 부처님께서 대승경전에서 우리들에게 가르쳐 인도하시는 것입니다.

당신이 경장經藏에 깊이 들어가지 않는다면 불법의 수승함, 불법의 좋은 점은 알 수가 없습니다. 우리는 오늘 이 좋은 점에 대해 모두 다 맛보지 못하고 있습니다. **실제로 우리는 오늘 부처님 공부를 하고는 있어도 오직 불법의 분위기에 조금 접촉했을 뿐이고 거의 닿을 듯한 곳에 있을 뿐이지 진정으로 접촉하지는 못하고 있습니다. 진실로 접촉하면 당신의 생활은 꼭 법희로 충만하고 쾌락이 자재할 것입니다.** 불법에서 말하는 고통을 여의고 지극한 즐거움을 얻는다(離苦得樂)는 이 말은 남을 속이는 거짓말이 아니라 진실한 말입니다.

그래서 우리는 어버이에게 효도하고 스승님을 존경하는 것(孝親尊師)에서부터 시작해야 합니다. 스승님을 존경하는 것은 스승님에게 형식상 공경하는 것이 아니라 가르침에 의지해 받들어 행하는 것입니다. 스승님이 당신에게 가르쳐 인도하는 것을 착실하게 실천해야 합니다.[37] 불법은 어버이에게 효도하고 스승님을 존경하는 기초 위에 세워집니다. 그래서 **불법은 종교가 아니라 스승의 도(師道)입니다. 그래서 「부모님께 효도로써 봉양하라(孝養父母)」가 제1구가 되고, 「스승과 어른을 받들어 섬겨라(奉事師長)」가 제2구가 됩니다.** 당신이 이 크나큰 근본을 모르면 당신은 어디까지 배우겠습니까?

「자비로운 마음으로 살생을 하지 말라(慈心不殺)」는 바로 효경孝敬의 기초 위에서 더욱 확대 발전한 것입니다. 진정한 자비심은 효경의 기초 위에 세워집니다. 그런 후에야 십선업十善業을 완성할 수 있습니다. 오늘날 우리 모두는 십선十善을 공부하고, 십선에 대해 묻기 시작하였습니다. 개개인 모두 답을 제시하고 있습니다. 비록 답을 제시할지라도 당신은 왜 완전히 십선을 실천할 수 없습니까? 그것은 바로 당신에게 앞 단계의 기초가 없기 때문입니다. 당신에게 앞 단계의 기초가 있으면 당신은 매우 쉽게, 어렵지 않게 십선을 실천할 수 있습니다.

이 첫 번째 복福 안에 있는 사구四句는 근본중의 근본입니다. 이 기초 위에서 불법이 세워집니다. 그래서 두 번째 복福이 시작됩니다.

---

37) "도가 성취되어야 스승의 은혜를 제대로 안다. 스승을 보거든 곧 받들어 섬기고, 스승을 보지 못하거든 곧 그 교훈을 생각하기를 사람이 부모를 생각하듯 하라." 『아함 정행경』

「삼귀의를 수지하고(受持三歸), 온갖 계를 구족하며(具足衆戒), 위의를 범하지 말라(不犯威儀)」 이것이 불법입니다. 불법은 세간법의 기초 위에 세워집니다. 대승은 또한 소승의 기초 위에 세워집니다. 두 번째 복은 소승을 통달합니다.

「삼보에 귀의하라(受持三歸).」 오늘날 우리 불법의 쇠퇴, 오늘날 불법이 이처럼 쇠퇴한 모습, 거의 불법이 사라져가는 이치가 어디에 있겠습니까? 삼보에 귀의할 줄 모르기 때문입니다. 삼귀의(三歸)를 전수하는 것이 잘못 전해졌기 때문입니다. 무엇으로 바뀌었을까요? 한 개인에게 귀의하고 있습니다. 저에게 어디 불편하시냐고? 물어봅니다. 이 같은 잘못은 유래가 오래되었습니다. 선종의 육조대사께서 지은 『단경壇經』을 읽어 보셨을 겁니다.

육조대사께서는 그 당시 세상에 삼귀의를 전수하셨습니다. 대사께서는 "부처님께 귀의합니다(歸依佛). 불법에 귀의합니다(歸依法). 승가에 귀의합니다(歸依僧)"라고 말씀하시지 않고, **"깨달음에 귀의합니다(歸依覺). 올바름에 귀의합니다(歸依正). 청정심에 귀의합니다(歸依淨)."** 라고 말씀하셨습니다. 육조대사께서는 현재 우리들로부터 1300여 년 전이나 떨어져 있지만, 상상컨대 그 당시에 이미 「불 · 법 · 승」으로 오해되기 시작했음에 분명합니다. 부처님을 말하면 불상이 생각나고, 불법을 말하면 경전이 생각나며, 승가를 말하면 어떤 스님이 떠오르는 것은 잘못입니다. 그래서 대사께서는 각覺 · 정正 · 정淨을 쓰고, 불 · 법 · 승을 쓰지 않았습니다. 이것이 1300년 전의 일입니다. 유래가 오래되었음을 알 수 있습니다.

어떤 사람이 묻기를, "부처님은 이미 마음이 부처를 이루고,
마음이 부처라고 말씀하셨는데, 왜 자불自佛을 끝내 말씀하시지 않고
반드시 타불他佛을 수승하다고 하시니, 무엇 때문입니까?"
답하길, "이 법문은 온전히 '남이 바로 자신임(他卽自)'을 이해하는데 있습니다.
만약 타불을 말하기를 꺼려한다면, 이는 타견他見을 잊지 못한 것이며,
만약 자불에 치우치면 도리어 아견我見을 이루어 전도되게 됩니다.
-우익대사 〈아미타경 요해〉

명明나라 말 청淸나라 초, 우익蕅益**대사께서도 삼귀의의 의미에 대해 풀이하셨습니다. 그 어르신께서는 귀의승**歸依僧**을 어떤 한사람에게 귀의하는 것이 아니라 승단에 귀의하는 것이라 풀이하셨습니다.** 대사께서 이렇게 말씀하신 것은 당연히 그 당시 이미 수많은 잘못이 있었음을 표시합니다. 육조부터 우익대사가 이르기 까지 약 5백년의 차이가 납니다. 중화민국의 인광印光대사께서는 「상해호국재난법회법어(上海護國息災法會法語)」 제8편에서 삼귀오계三歸五戒를 전수하신 말씀의 말미 한 단락에서 "삼귀의를 전수하는 것은 한 개인에게 귀의하는 것이 아니다."라고 말씀하셨습니다. 「귀의승歸依僧」은 승단에 귀의하는 것으로, 어떤 한 분 스님에게 귀의하는 것이 아닙니다. 당신이 진지하게 어떤 한 분 스님을 제가 귀의하는 스승이라고 한다면 이는 크나큰 잘못입니다. 그렇지만 현재 잘못된 것이 쌓여 당연한 것이 되어 버렸습니다. 물론 좀 사정이 있지만 이러한 삼귀의는 잘못되었고 틀렸습니다.

어떻게 틀렸습니까? 부처님 공부를 잘못 시작하였다면 이번 일생 끝까지 잘못입니다. 실제로 최후까지 만약 아미타부처님께 귀의하지 않으면 구제받지 못합니다. 만약 최후에 아미타부처님께 귀의하는 것을 이해하면 아직도 방법은 있습니다. 업을 진 채로 왕생(帶業往生)할 수 있습니다. 그렇지만 이 일은 엄중합니다. 현재 삼귀의의 전수가 모두 잘못 전해져서 모두 삼귀의를 잘못 받고 있습니다. 오계五戒도 잘못 받고 있습니다. 틀려서 실제와 너무 동떨어져 있습니다. 부처님 공부에 기본적으로 착오가 생겼습니다. 어디서 성취할 수 있습니까? 존재하는 일체법문으로는 결코 성취할 수 없습니다. 다행히 염불하여 업을 진 채로 왕생하는 법문이 있어 비록 삼보에 잘못 귀의하였을지라도 그리고 계를 잘못 받았을지라도 착실히 염불하고 서방정토를 믿으면 여전히 구제받을 수 있습니다.

그렇지만 여러분은 이 법문은 제외됨을 알아야 합니다. 당신이 믿지 않고 시험삼아 해본다면 어떠한 법문을 수행하더라도 모두 성공할 수 없습니다. 어떠한 법문이라도 모두 탐·진·치를 끊어야 하고 견사번뇌見思煩惱를 끊어야 합니다. 당신에게 견사번뇌를 끊을 수 있는 능력이 있습니까? 제가 보기엔 끊을 수 없을 뿐만 아니라 견사번뇌가 날마다 늘어만 가니, 어떻게 성공할 수 있겠습니까? 그래서 이理는 이해해야 하고 사事는 또렷해야 합니다. 그런 다음에 우리는 착실하게 스스로 잘못을 고치고 새롭게 행동하여야 합니다. 지금 여러분들은 모두 **삼보에 귀의하는 것이 각覺·정正·정淨에 귀의하는 것이고 자성삼보自性三寶에 귀의하는 것이 정확하다**는 것을 알았습니다.

스스로 삼보를 믿는 것 바깥에 형상적인 주지삼보住持三寶가 있습니다. 형상삼보는 어떻게 작용합니까? 형상을 보아 자성삼보를 생각나게 합니다. 그것의 작용은 여기에 있으니, 이것을 「한 생각을 돌리면 피안이다(回頭是岸)」라고 말합니다. 불상을 보면 곧 자성각自性覺이 생각납니다. 보십시오. 이것이 한 생각 돌리는 것(回頭)38)이 아닙니

38) 성철 스님께서 스님에게 주는 10가지 당부(衲子十偈) 게송에서 회두(回頭)란 게송이 있다. "꿈속에 한 알갱이 탐착하다가/금대의 만겁 식량 잃어버리네./무상은 잠깐이라 퍼뜩하

까? **관음보살이 능엄회상에서 말한 그가 수행한 방법, 그가 사용한 공부가 「듣는 것을 돌이켜서 듣는 성품을 듣는 것(返聞聞自性)」입니다. 불상을 보아 자성각이 생각나면 「듣는 것을 돌이켜서 듣는 성품을 듣는 것」입니다.** 일체 경서를 보면 자성정自性正이 생각나니, 자성정은 법보입니다. 출가한 사람을 보면 자성청정自性清淨이 생각나니, 자성청정은 승보僧寶입니다.

우리의 육근六根은 바깥의 육진경계六塵境界와 접촉합니다. 접촉하지 말라고 말하는 것이 아닙니다. 접촉은 하더라도 접촉한 후 그것에 끌려 도망치지 말고 한 생각을 돌려야 합니다. 한 생각을 돌림이란 무엇입니까? 청정한 마음, 육근의 청정을 닦아 한 티끌도 물들지 않으면 바깥 경계가 또렷하고 내면도 결코 물들지 않는데, 이것을 「자성정自性淨」이라 합니다. 이것이 승보僧寶입니다.

우리들은 왜 한 생각을 돌리지 못합니까? 귀의의 「귀歸」는 회귀이고, 「의依」는 의지입니다. **육근이 바깥 경계에 접촉할 때 우리는 한 생각을 돌려서 자성의 각覺 · 정正 · 정淨에 의지할 줄 알아야 합니다.** 어제 여러분에게 말씀드린 적이 있습니다. 자성의 각 · 정 · 정은 바로 『무량수경』의 경전 제목과 관련해 말한 「청정 · 평등 · 각」으로 **「청정」은 자성정自性淨이고, 「평등」은 자성정自性正이며, 「각」은 자성**

고 마는데/한 생각 돌려 용맹정진 않을 건가(貪着夢中一粒味, 失却金臺萬劫糧, 無常刹那實難測, 胡不猛省急回頭)."

각自性覺으로 이것이 자성삼보自性三寶입니다.

오늘날 우리들의 가장 큰 결점은 습기장애習氣業障가 너무 무겁다는 점입니다. 육근이 육진경계와 접촉하면 마음은 경계에 따라 움직여 도망치므로 한 생각을 돌리지 못합니다. 그렇지만 부처님께서 우리들에게 가르치신 부처님 공부는 한 생각을 돌릴 수 있어야 한다는 것입니다. 그러면 당신은 「부처님 공부(學佛)」를 하고 있는 것입니다. **한 생각을 돌리지 못하면 「부처님 공부」를 하지 않는 것이고, 육도윤회를 하며 망상 · 분별 · 집착을 하게 됩니다. 한 생각을 돌렸다면 각覺 · 정正 · 정淨입니다. 일체망상 · 분별 · 집착을 멀리 여의는 것을 「부처님 공부」라 합니다.**

그래서 마침내 우리는 어떤 부처님을 공부해야 합니까? 잘 생각해보십시다. 매일 경전을 조금 읽는다고 해서 부처님 공부를 한다고 하면 거짓입니다. 염불하여 부처님 명호를 십만 번 불러도 다른 사람이 "목이 터져라 불러도 헛수고다"라고 말한다면 당신은 경전을 읽는 것과 마찬가지로 헛수고입니다. 중요한 것은 **육근이 바깥 경계에 접촉할 때 한 생각을 돌릴 줄 알아야만 진실한 귀의이고, 진실로 회귀하는 것이며, 진실로 의지하고 각覺 · 정正 · 정淨 삼보三寶에 의지하는 것입니다.**

존재하는 일체 경전 논서는 모두 각 · 정 · 정 삼보三寶의 체體 · 상相 · 용用을 해석하고 설명한 것입니다. 일체 경전은 이것에 대해 설명하고 있습니다. 그래서 일체경전을 「내전內典」이라고 말합니다. 그것은 바깥 물건을 설명하는 것이 아니라 우리 자성의 체 · 상 · 용을 설명한 것입니다. 이렇게 대승경전을 독송하면 당신에게 효과를 미칠 것입니다. 책을 읽으면 어떻게 수용되는지, 어떻게 이 물건들 모두가 나의 생활로 바뀌는지, 나의 작업으로 바뀌는지 이해하게 될 것입니다. 그러면 당신은 보살도를 행하고 보살행을 닦는 것이라 말할 수 있습니다.

만약 효과가 없다면 가장 좋은 방법은『화엄경』을 읽는 것입니다. 이는 과거 홍일弘一 대사께서 행하신 것입니다. 보십시오. 홍일대사께서는 아주 많은 저술에서 우리들에게 말씀하셨습니다. 대사께서는 특히 지식인을 언급하셨습니다. 대승을 수학하기 위해서는 마땅히 어디서부터 입문해야 하는가? 그 어르신께서는『화엄경소초華嚴經疏鈔』를 제안하셨습니다. 그것은 청량淸涼대사께서 주해하신 책입니다. 대사께서는 한 말씀도 틀리지 않고, 이치가 매우 밝은 경험자이십니다.

지금 사람들은 또한 장애가 있는데, 장애가 어디 있습니까? 옛날 책을 읽지 못하고, 문어체 문장을 읽지 못한다는 점입니다. 경전은 고인이 번역한 것입니다. 주해를 다신 청량대사께서는 당나라 시대 사람이므로 현재 어떤 골칫거리가 되었습니까? 문자가 장애가 되었습니다. 종전 독서인은 문자에 장애가 없어 문어체 문장을 읽을 수 있었습니다. 그러나 지금 우리들은 문자에 장애가 있습니다. 이 일은 골칫거리입니다. 그래서 여러분들은 경장에 깊이 들어가려면 먼저 문어체 문장을 배워야 합니다. 이 문자로 인한 장애를 먼저 깨뜨려 버려야 합니다. 문어체 문장을 수학하는 방법은 별다른 것이 없고, 고문을 숙독하면 됩니다. 중전에 이병남 선생께서 우리에게 고문을 가르치실 때 『고문관지古文觀止』를 교재로 사용하여 50편을 선택해서 숙독하게 하셨습니다. 그러면 문어체 문장을 보는 능력이 생깁니다. 100번을 숙독할 수 있습니다. 더욱 잘 외울 수 있으면 문어체 문장으로 글을 쓸 수 있습니다. 이것이 이병남 스승님께서 당시에 우리에게 정한 표준이었습니다.

그래서 저는 외국에 계신 여러분들께 『무량수경』을 읽어보시라고 권합니다. 『무량수경』 은 48품입니다. 2편의 차이로 차이가 많지 않으므로 가까워질 수 있습니다. 그래서 『무량수경』을 숙독해 보십시오. 『무량수경』을 고문으로 여기고 읽어 보십시오. 기실은 『무량수경』의 경문은 고문에 비해 쉬워서 많이 읽을 수 있습니다. 당신이 숙독할 수 있다면 좋은 점이 있습니다. 『무량수경』을 독송하십시오. 39)

대승불법의 특색 중에서 첫째가 바로 「발보리심發菩提心」입니다. 보리심이란 무엇입니까? 고덕께서 설명하신 것은 매우 명백합니다.

---

39) "무량수경을 염송하면 당신의 분별·망상·업장의 한 생각을 돌려서 자성청정을 회복할 수 있다. 우리들이 구하는 「무량수無量壽」와 우리들이 바라는 「장엄莊嚴」 (바로 원만하게 행복하고, 생활상에 갖가지가 흠결이 없으며, 모든 일이 원하는대로 이루어짐을 말한다)을 어디로부터 구하는가? 「청정清淨」심, 「평등平等」심, 「각覺」심으로, 모두 이 경의 제목에 있다! 마음이 청정하지 않으면 어떻게 행해야 하는가? 어떻게 청정한 마음을 회복하여야 하는가? 『무량수경』을 독송하라!" 『불설대승무량수장엄청정평등각경』(비움과소통)

사홍서원四弘誓願이 바로 보리심입니다. 이 말씀은 틀리지 않습니다. 사홍서원은 순서가 있어 뒤바뀔 수가 없습니다. 맨 먼저 당신에게 마음을 크게 내고 심량心量을 개척하라고 가르칩니다. 마음을 일으키고 생각을 움직이는 것을 단지 자기라고 생각하지 마십시오. 심량이 그렇게 작으면 행하지 못합니다. 진심眞心이 아니라 망심妄心입니다. 이는 앞에서 모두 여러분들에게 말씀드렸습니다.

망심妄心이란 무엇입니까? 사상思想이자 허망한 마음입니다. 제가 여러분들에게 「사思」를 '한계를 떼어버림'이라고 말씀드렸습니다. 「전田」은 한계이자 분별·망상입니다. 「상想」은 마음속에 「상相」이 있음을 말합니다. 상은 어디서 옵니까? 집착으로부터 옵니다. 당신이 그 「상」을 떼어버리고 남아있는 것이 진심입니다. 망상·분별·집착이 「사상思想」입니다. 오늘날 우리는 늘 「어떠어떠한 사상」을 듣습니다. 이것으로 인해 엉망이 되고 무너져 버립니다. 사상이 있으면 망상·분별·집착이 있습니다. 사상을 떼어버리고 내려놓는 것이 진심眞心입니다. 진심이 드러나면 보리심입니다. 이런 마음으로 비로소 분별도 없고 한계도 없고 집착도 없이 한없는 중생을 다 제도하겠다고 서원할 수 있습니다.

당신에게 이러한 심량이 있어야 합니다. 『과송참의課誦懺儀』에서 「마음은 태허를 포괄하고, 심량은 항하사 세계에 두루 한다(心包太虛量周沙界)」란 말씀을 읽습니다. 사상은 범위가 매우 협소하여 태허를 포괄하지 못하므로 우리에게 선입견을 떼어버리라고 말씀하십니다. 선입견이 있어서는 안 됩니다. 심량을 개척해야 이 사회를 위할 뿐만 아니라 구법계 일체중생을 위하여 마음을 일으키고 생각을 움직일 수 있습니다.

그런 다음 어디서부터 닦기 시작해야 합니까? 번뇌를 끊는 것에서부터 닦기 시작합니다. 번뇌를 아직 끊지 않았다면 절대로 법문을 배워서는 안 됩니다. 여러분들은 이 점을 확실히 기억해 두어야 합니다. 청량대사께서는 『화엄경』 주해에서 매우 잘 말씀하셨습니다. **번뇌를 끊지 않고 일체법문을 수학한 후 그 과果가 무엇이겠습니까? 삿된 견해(邪見)가 늘어납니다. 그래서 꼭 번뇌를 끊어야 합니다. 번뇌를 끊은 후 일체법문을 닦으면 지혜가 늘어나 같지 않습니다.** 그래서 번뇌를 끊는 것을 첫째에 둡니다. 옛날 대덕의 교학은 일문에 깊이 들어가는 것입니다. 경교經教를 공부하고 한 권의 경전을 공부해야 합니다. 잘 생각해보십시오. 왜 한 권의 경전을 공부하라고 하였겠습니까? 한 권의 경전은 당신의 번뇌를 끊는 것을 도와줄 수 있습니다. 두 권, 세 권은 삿된 견해가 늘어나도록 도와서 번뇌를 끊지 못합니다.

한 권의 경전은 마음을 하나의 자리, 하나의 방향에 고정시켜 쉽게 선정을 얻게 합니다. 선정은 번뇌를 절복折伏시킬 수 있고 선정의 공덕은 깊어서 지혜를 열어 줍니다. 지혜가 한 번 열리면 번뇌를 변화시킵니다. 번뇌가 보리로 변화되면 번뇌는 사라집니다. 그런 후에 비로소 무량한 법문을 다 배우겠다고 서원할 수 있습니다.

이러한 도리를 명백히 하여야 합니다. 지금 무량한 법문을 다 배우겠다고 서원하면서 앞의 두 서원은 필요 없다고 하는 것은 공중에 누각을 짓겠다고 하는 것이 아닙니까? 마치 큰 누각을 지을 때 1층, 2층은 필요 없고 내가 바로 3층을 지으려고 하면 이치에 맞습니까? 현재 우리들이 하는 부처님 공부는 틀렸습니다. 어디가 틀렸습니까? 우리들의 인식이 뚜렷하고 명백하면 우리 자신은 이런 잘못을 범하지 않습니다. 그래서 반드시 삼복三福으로부터 진지하게 배우기 시작해야 합니다.

대승의 보리심을 발한 후에 이어지는 것이 「인과를 깊이 믿는 것(深信因果)」입니다. 제가 누누이 말씀드렸지만, 인과를 깊이 믿는 것은 다른 인과가 아니라 「염불이 인因이 되고 성불이 과果가 되는」 인과입니다. 그런 후에 비로소 「대승경전을 독송(讀誦大乘)」하고 「권면하고 이끌어 주는 것(勸進行者)」입니다.

총 11구로 된 삼복三福의 경문을 보면 앞쪽 십구十句는 자신을 이롭게 하는 것(自利)이고 뒤쪽 일구一句는 남을 이롭게 하는 것(利他)입니다. 자신을 이롭게 한 다음 필연코 남을 이롭게 해야 합니다. 남을 이롭게 함이 바로 자신을 이롭게 하는 것입니다. 우리가 수학한 것에 비로소 희망이 있습니다. 우리의 앞길에 비로소 한줄기 광명이 비춥니다. 당신이 생활하고 일하는 곳에 비로소 진정으로 법희가 충만하고 항상 지혜가 생겨납니다. 번뇌가 일어나지 않고 높은 지혜가 있습니다. 무슨 일을 하던지 상관없이 모두 원만하게 할 수 있고, 모두 성취를 이룰 수 있습니다.

오늘도 시간이 다 되었습니다. 저는 단지 아주 조금 스스로 수학하여 깨달은 바(心得)와 경험을 동수 여러분들에게 제공함으로써 참고가 되었길 바랍니다. 여러분 감사합니다.

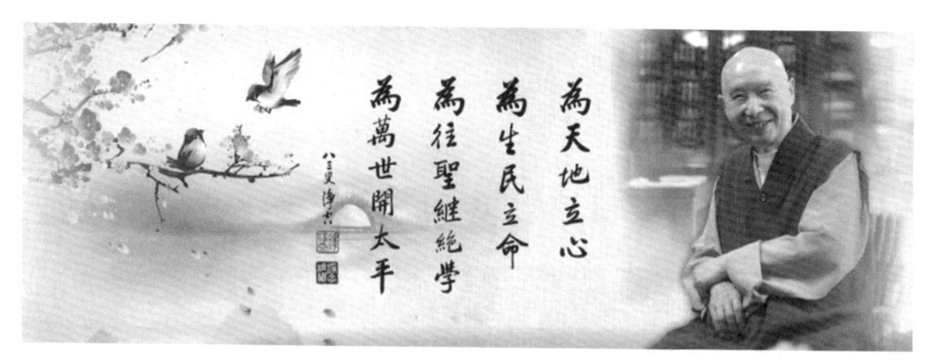

불佛은 곧 깨달음(覺)으로 그것은 인도 말입니다.
염念은 현재의 마음, 지금(今) 마음(心)입니다.
현재 일념의 마음(一念心)이 깨어있고
미혹하지 않음을 염불念佛이라고 합니다.
정종淨宗에서 말하는 염불은 상응相應을 말합니다.
한 생각이 상응하면 한 생각이 부처이고,
생각생각이 상응하면 생각생각이 부처입니다.
一念相應一念佛 念念相應念念佛
무엇을 상응相應이라 합니까?
바로 깨달음과 상응입니다.
현재의 마음이 깨어있어 미혹하지 않고,
입으로 염하는 마음(口念心)이 깨어 있는 것입니다.
-정공법사

보충법문

염불이 인이고, 성불이 과이다

정공淨空 법사

보리심을 발하고, 깊이 인과를 믿으며, 대승경전을 독송하고, 권면하고 이끌어주어야 하나니라(發菩提心 深信因果 讀誦大乘 勸進行者)

-『관무량수경』

1. 정업삼복淨業三福은『관무량수경』에 있는 말씀으로 불법을 수학하는 기본적인 3조목의 계를 말해줍니다. 이 3조목의 계를 반드시 준수해야 합니다. 저는 특히 그것이「삼세제불이 닦으시는 정업의 정인(三世諸佛淨業正因)」임을 강조합니다.

2. 삼복의 제3조는 첫째 발보리심을 말합니다. 이것은 더 설명할 필요가 없습니다. 둘째는 인과에 대한 깊은 믿음입니다. 이 문구는 연구할 가치가 있습니다. 왜냐하면 삼복의 제3조는 보살의 복보福報

로 보살에게 말하는 것입니다.

3. 여기서의 인과는 보통의 인과가 아니라 「염불이 인이고 성불이 과이다(念佛是因 成佛是果)」입니다. 이 인과는 확실히 많은 보살이 모르는 것입니다. 만약 보살이 안다면 그는 공연히 헛걸음을 하지 않고 일생에 성불할 것입니다.

4. 보살들은 여전히 다른 법문을 닦으면 이 인과에 대해 모르고 믿지 않으며 받아들일 수 없습니다. 그래서 그는 이번 일생에 성불할 수 없고, 서방극락세계에 갈 수가 없습니다.

5. 『무량수경』에서는 우리들에게 아주 많은 보살이 있다고 말합니다. 왜냐하면 이번 일생 가운데 염불법문을 들을 기회가 없어서 보살이 보리심에서 물러나 퇴전하는 보살이 1억 명이나 있습니다.[40)]

6. 우리들은 아사세 왕자가 과거생 중에 보살도에 머물면서 4백억 부처님을 공양하였으나, 그들은 현재 퇴전하여 격음(隔陰: 전생을 기억 못함)의 미혹이 있어 이번 일생에 인간세계에 와서 왕자가 되고 거사장자가 되었습니다. 바꾸어 말하면 그들은 보살도로부터 이 정도까지 퇴전하였습니다.

---

40) "아일다여, 이와 같은 여러 부류의 대위덕을 지닌 사람들이 불법의 광대한 특별법문을 마음속에 일으킬 수 있을지라도 이 법문을 듣지 못한 까닭에 사바세계에서 1억 명의 보살들이 아뇩다라삼먁삼보리에서 물러나게 되느니라." 『정토오경일론』 「불설대승무량수장엄청정평등각경」(비움과소통) 참조

7. 그래서 무량법문에 염불법문이 제일 수승하고, 시방삼세 일체제불여래 중에서 찬탄하시지 않는 분이 없습니다.

8. 염불이 인이고 성불이 과입니다. 우리들은 엄청난 행운으로 이 일을 알게 되었습니다. 이래야 무상보리를 증득할 수 있고, 이래야 성불할 수 있습니다. 당신이 성불하려면 착실하게 한마디 아미타부처님을 끝까지 염해야 합니다.

9. 성불의 인因은 한 사람 한 사람 모두 있습니다. 이것은 진여본성 안에 본래 구족되어 있습니다. 현재 부족한 것은 성불의 연緣입니다. 성불의 연은 어떻게 쟁취할 수 있는가? 어떻게 배양할 수 있는가? 염불입니다. 이것은 믿기가 쉽지 않습니다!

10. 『아미타경』은 되풀이하여 우리를 일깨워주시고 우리들에게 서방극락세계의 의정장엄을 설명해줍니다. 그 목적은 우리들로 하여금 서방극락에 대해 그리워하는 마음을 생기게 하는 것입니다. 단지 아미타부처님께로 향해 가는 마음만 있다면 충분합니다.

11. 단지 왕생하여 서방극락세계에 가기만 하면 됩니다. 설령 하품하생이라도 최대의 이익인 수명이 길어 오래 사는 과보를 얻습니다. 아미타부처님이 무량수이듯이 그도 무량수입니다.

12. 설사 성불하는데 3대아승지겁이 걸리더라도 당신의 수명이 무량아승지겁이면 3대아승지겁이 무엇입니까? 서방극락에 태어나야만 결정코 일생에 성불합니다. 이미 왕생하였다면 그 길로 죽

성불에 이릅니다. 이것은 진실입니다.

13. 서방극락세계에 도달하면 이것은 진실 중에 진실이고, 일진법계의 일진법계이며, 요의 중의 요의이고, 가장 구경이고 가장 철저하며 가장 원만한 법계입니다. 이 법계에서 무엇을 배웁니까? 바로 염불법문입니다.

14. 이 세계로부터 타방세계에 가서 제불에게 참방하면 제불께서는 당연히 당신에게 일체법에서 가장 수승한 제일법문을 강설해 주십니다. 제일법은 무엇입니까? 바로 『아미타경』, 『무량수경』으로 염불하여 성불하는 이 법문을 강설해주십니다.

15. 당신이 믿지 못하면 『화엄경』에서 "십지보살은 처음부터 끝까지 염불을 여의지 않는다(十地菩薩始終不離念佛)"는 말씀을 보시면 비로소 이 법문이 일체제불께서 찬탄하시는 법문이고 일체제불께서 홍양하시는 법문임을 알 것입니다. 다른 법문 경전에서는 이런 설법이 없습니다.

16. 당신이 다른 부처님을 참방하러 가면 다른 부처님께서도 당신에게 염불을 권하십니다! 일체제불께서 한 목소리로 모두 당신에게 염불하여 성불할 것을 권하십니다. 이것이 바로 『관경』 삼복에 있는 깊이 인과를 믿음(深信因果)입니다. 그 깊이 인과를 믿음이 「염불이 인이고 성불이 과입니다」. 이래야 비로소 이 법문이 제일법문임을 압니다. 이것을 반드시 명료하게 알아야 합니다!

17. 한마디 아미타불을 염하는 것이 성불의 도입니다! 한마디 아미타불은 보살도가 아닙니다. 보살도는 육도만행입니다. 우리들이 하루 종일 한마디 아미타불을 염하는 것이 불도이고 무상정도無上正道입니다. 여러분들은 이 뜻을 잘 알아야 합니다.

18. 우리 범부가 육안으로 다른 사람이 염불하는 모습을 보면 개의치 않고 뭐 대단한 것이 아니라고 여깁니다. 그러나 제불보살께서 염불하는 사람을 보시면 경건하게 공경심이 일어납니다. 왜냐하면 그는 염불이 인이고 성불이 과임을 깊이깊이 명료하게 알고 계시기 때문입니다.

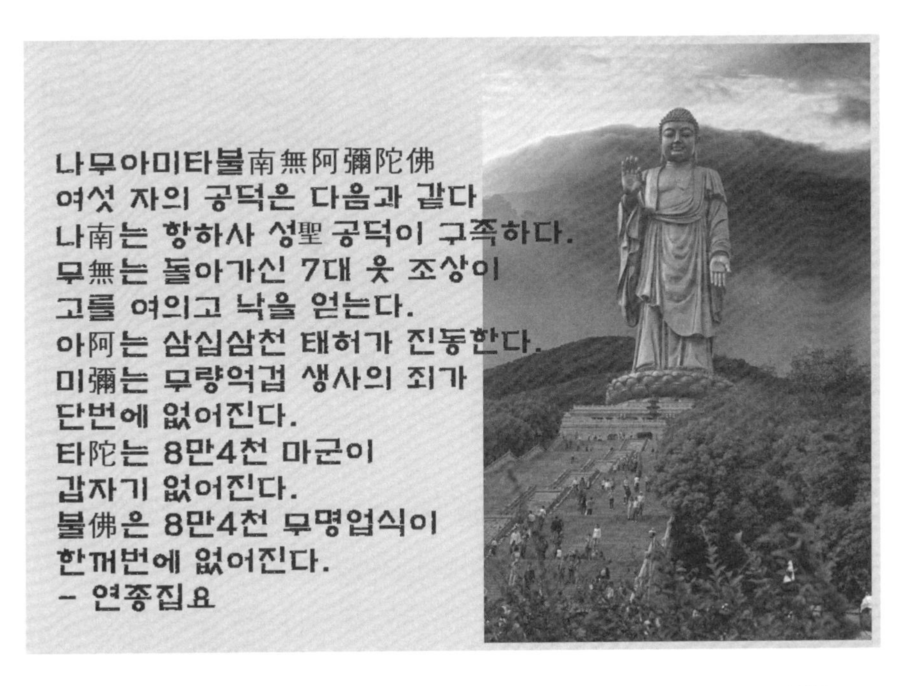

정종이 구경방편인 까닭은 곧 아미타부처님의 무상과각으로 중생의 인지초심을 삼기 때문이다. 인이 과의 바다를 통달하고, 과가 인의 근원에 사무쳐서 인과가 동시이므로 감응이 헤아리기 어렵다. 이것은 또 타력의 묘용이다. 더욱이 바깥의 성인은 믿기 쉬우나 자기의 신령스러움은 분간하기 어렵다.

淨宗之所以究竟方便者 即以彌陀無上果覺 作為眾生因地初心 因達果海 果徹因源 因果同時 感應難思 此又是他力之妙用 更加以外聖易信 己靈難明41)

41) 『불설대승무량수장엄청정평등각경해佛說大乘無量壽莊嚴清淨平等覺經解』「지심정진제오至心精進第五」, 황념조 거사

1.

「정종이 구경방편인 까닭은 곧 아미타부처의 무상과각으로」, 원만한 대각, 구경원만한 불과를 증득합니다. 이 한마디 부처님 명호는 「중생의 인지초심因地初心을 삼는데」 사용하여 학습하기 시작하면 이 한마디 부처님 명호를 염하면 이 한마디 부처님 명호가 아미타부처님의 무상과각입니다.

「인달과해因達果海」, 달達은 통달이고 인因은 한마디 부처님 명호입입니다. 과해果海는 바로 아미타부처님의 48원입니다. 한마디 부처님 명호로 아미타부처님 48원을 염하면 각각의 원이 모두 이 명호 안에 들어 있습니다.

「과철인원果徹因源」, 48원은 한마디 부처님 명호 가운데 있습니다. 「인과동시因果同時」, 부처님 명호가 바로 48원이고 48원이 부처님 명호입니다. 48원을 농축시키면 한마디 부처님 명호이고 이 한마디 부처님 명호는 바로 원만한 48원이니, 이 얼마나 좋습니까! 염불하는 사람은 많으나 이 뜻을 알지 못합니다.

이 뜻을 안다는 것은 무슨 말입니까? 그는 관상觀想에 이릅니다. 관상에 이르면 그 명호의 힘은 큽니다. 관상을 모르면 이 효과는 차이가 매우 큽니다. 그래서 밀종密宗에서는 삼밀상응三密相應을 말합니다. 입으로 주문을 염하고 마음으로 관상觀想을 하며 손으로 결인結印하여 삼밀이 상응합니다. 이 한마디 아미타부처님이 밀주密咒이고 한마디 아미타불이 아미타부처님 48원임을 관상하면 바로 아미타

부처님께서 오겁동안 수행하신 무량무변의 과덕이 바로 이 한마디 부처님 명호에 있습니다. 한마디 부처님 명호를 염하면 극락세계 모든 일체를 전부 하나도 빠뜨리지 않고 염합니다.

「**감응난사**感應難思」, 그 감응은 불가사의합니다.

「**외성**外聖」은 아미타부처님입니다. 우리들은 아미타부처님과 비교하면 믿기 쉽지만, 자기의 진심본성은 오히려 어렵습니다.

_정토대경과주淨土大經科註 (제128집)

2.

이 한마디 나무아미타불은 여래의 과각果覺 · 과보果報로 우리들은 오늘날 그것을 우리들의 인지심(因地心 ; 수학발심의 마음)으로 삼습니다. 우리들은 무엇을 닦습니까? 인을 닦으면 장래에 과가 있습니다. 여래의 과를 내가 수행하는 인으로 삼으니, 어찌 좋지 않습니까!

이 한마디 명호는 변법계 · 허공계의 무량한 지혜덕상을 개괄하여 모두 이 한마디 명호 가운데 있습니다. 이 명호를 염하는 것은 한 법도 빠뜨리지 않고 전 우주를 염하는 것입니다. 다른 것을 닦고 다른 것을 염하는 것은 모두 국부적이고, 이것이 전체입니다. 아미타부처님의 명호는 변법계 · 허공계와 과거 · 현재 · 미래 전체가 그 안에 있어, 당신은 명호공덕이 불가사의함을 알아야 합니다.

아미타불阿彌陀佛 명호는 범어로 번역하면 무량각無量覺(아阿는 무無이고, 미타彌陀는 량量이며, 불佛은 각覺이다)**으로 변법계 · 허공계의 만사만물을 전부 명료하게 알고 전부 통달하여 하나라도 모르는 것이 없어 진실로 전지전능하다는 뜻입니다.** 나무南無 두 글자도 범어이고 귀의歸依, 귀명歸命이란 뜻입니다. 나무아미타불은 완전히 풀이하면 무량각에 귀의합니다, 무량각에 귀명합니다라는 뜻입니다.

무량無量, 일체가 모두 무량합니다. 무량한 지혜, 무량한 덕능, 무량한 상호, 여러 가지가 모두 무량하여 하나라도 무량하지 않은 것이 없습니다. 명호의 공덕은 불가사의하여 우리들은 이 한마디 명호에 의지합니다. 이 한마디 부처님 명호를 염하여 아미타부처님과 상응하면 경에서 "한 생각이 상응하면 한 생각이 부처이고, 생각생각이 상응하면 생각생각이 부처입니다(一念相應一念佛 念念相應念念佛)"라는 좋은 말이 있습니다. 어떻게 해야 상응할 수 있습니까? 의심하지 않고, 뒤섞지 않으며, 끊어지지 않으면 상응합니다.

인과는 하나이지 둘이 아닙니다. 인은 부처님 명호이고, 우리가 한마디 부처님 명호를 염하면 과보는 극락세계에 왕생하여 성불함입니다. 무엇인 인이 이룬 과입니까? 아미타부처님의 인을 염하면 과가 인의 근원에 사무쳐 인과가 일체가 되니, 인이 바로 과이고 과가 인입니다. 누구나 염하면 누구나 성취하니, 과의 바다라 합니다.

법계 허공계에 염불하는 중생이 얼마인지 알지 못하고 날마다 극락세계에 왕생하는 사람이 많아서, 이루 계산할 수 없을 정도로 너무나 많습니다. **아미타부처님께서는 날마다 그들을 위해 설법하시고, 오늘 새로 들어오는 사람들을 위해 설법하시며, 이곳에서 머물러 여전히 정각을 이루지 못한 사람들을 위해 설법하고 계십니다. 정각을 이루어 그는 성불하여 졸업합니다. 졸업하고서 그는 시방세계에 가서 중생을 교화하고, 아직 졸업하지 못한 이 모두와 함께 합니다. 극락세계는 학교와 같아서 날마다 신입생이 들어옵니다.**

게다가 왕생은 가장 즐거운 일이고 가장 큰 경사입니다. 왜 그렇습니까? 과거 무량겁 중에 당신의 가친권속, 친구들이 극락세계에 가면 모두 봅니다. 혼자 외롭지 않습니다. 친구들 중에 많은 사람들이 모두 왕생하여 그들 모두 극락세계에 있습니다. 그래서 극락세계에 이르면 잘 아는 사람이 매우 많은데 모두 좋은 사람이고 자신과 관계 있는 사람입니다. 그들은 일찍 왕생하여 그곳에서 우리들을 기다리고 있습니다. 그래서 극락세계에 친구가 없을까 염려하지 마십시오. 매우 많습니다. 도반들 친척 친구들이 너무나 많습니다. 정종의 모든 조사님들을 이곳에서 전부 볼 수 있고 만날 수 있습니다. 그들은 당신이 온 것을 환영합니다. 어떤 곳과 비교해도 수승합니다. 왜 그렇습니까? 잘 아는 사람들이 많기 때문입니다!

감응은 진실로 불가사의합니다. 그것은 타력의 묘용이자 염불법문의 묘용입니다. 바깥의 성인은 아미타부처님이십니다. 우리들은 또렷하고 명백하게 압니다. 『무량수경』을 염송하면 알게 되고 의심하지 않고 믿게 됩니다.

자기의 신령스러움(已靈)이란 무엇입니까? 당신이 바로 아미타부처님이고, 아미타부처님이 바로 당신입니다. 이것은 정말 잘 모릅니다. 이 말은 진실입니까? 진실이고 한 점도 잘못 말한 것이 아닙니다. **아미타부처님께서는 어디서 오십니까? 나의 자성이 변해서 나타나십니다.** 「일체법은 마음에서 생겨난다(一切法從心想生)」, 이것은 부처님께서 경전에서 말씀하신 것입니다.

극락세계는 어디에 있습니까? 나의 마음에서 생깁니다. 내가 극락세계를 생각하면 극락세계가 성취되고, 내가 아미타부처님을 생각하면 아미타부처님이 오십니다. 그래서 나의 마음이 곧 아미타부처님이고, 아미타부처님이 나의 마음입니다. 마음이 청정하면 불국토가 청정합니다. 경전에서는 매우 또렷하게 매우 명백하게 말씀하십니다. 우리들이 이 뜻을 이해하지 못하면 결코 자성으로 돌아가지 못합니다. 그래서 자기의 신령스러움은 분간하기 어렵다고 합니다.

이것을 명료하게 이해한 후 신심이 굳건해져서 다시는 흔들리지 않습니다. 무엇을 압니까? **자신과 아미타부처님의 관계가 일체이고 하나의 성품임을 압니다. 이러한 이치를 확대하여 보면 우리들은 눈앞의 모든 일체중생이 모두 나 자신의 마음에서 생겨난 것으로 모두 다 나와 일체입니다.** 꿈을 꾸는 것과 같아서 꿈속에서 홀연 내가 꿈을 꾸고 있는 것을 깨닫고 자신이 꿈을 꾸고 있음을 압니다. 꿈에서 보는 것은 모두 자신의 마음이 변하여 나타난 것입니다. 꿈속에서 좋은 사람은 당신이 변한 것이고 꿈속에 나쁜 사람도 당신이 변한 것이며 꿈속에 친한 사람도 당신이 변한 것으로 하나이지 둘이 아닙니다.

당신의 평등심이 현전합니다. 평등심이 불심이고 청정심이 보살심입니다. 평등심이 불심이면 성불합니다. 『무량수경』 선본의 경전 제목에 있는 「청정평등각清淨平等覺」이면 성불합니다.

_정토대경과주淨土大經科註 (제129집)

이전에 입도(入道)의 요문은
발심(發心)이 으뜸이라고 들었는데,
수행에서 급선무는
원(願)을 세우는 것이 우선이다.
원이 서면 중생을 제도할 수 있으며,
마음을 발하면 불도(佛道)를 성취할 수 있다.
만일 광대심을 발하지 않고
견고한 원을 세우지 않으면,
항하사 겁을 지나도
여전히 윤회에서 벗어나지 못한다.
비록 수행이 있을지라도
언제나 헛되이 고생만 하는 것이다.
_ 『권발보리심문(勸發菩提心文)』중에서

97년 호주 정종학회 법문

“물을 마실 때 그 근원을 생각하듯 은덕恩德을 잊지 말자!”

정공淨空 법사

법사 여러분, 동수 여러분

오늘 우리들은 이렇게 수승한 인연으로 모두 호주정종학회 도량에 모였습니다. 도량은 그리 크지 않지만, 상당히 잘 장엄되어 보입니다. 이곳은 정종이 호주에 전래된 첫 번째 기지입니다. 우리들이 어디서 시작하였는가, 그 근원을 생각하려면 가장 먼저 근대 정종淨宗이 매우 험난한 고난의 과정을 거쳐서 전래되었음을 똑똑히 알아야 합니다.

1. 염불은 불타교육 제일 법문으로 문수 · 보현 · 선재 모두 이 법을 닦았다

젊은 시절, 처음 부처님 공부를 할 때 저에게 불법을 바로 알도록 안내해주신 분은 방동미方東美 선생이십니다. 이는 민국42년(1953)

때 일입니다. 오래지 않아 저는 장가章嘉 대사를 알게 되었습니다. 이 어르신은 대단히 자비로우신 분으로 저를 열심히 지도하셨습니다. 저는 이 어르신으로부터 부처님 공부의 기초를 다졌습니다. 3년 후 장가대사께서 원적圓寂에 드셨습니다. 1년 뒤에 저는 이병남李炳南 노거사를 알게 된 후로 10년을 그분과 가까이 지냈습니다. 민국 56년(1967)에 이르러서 저는 타이중(台中)을 떠나게 되었습니다. 따라서 실제로 제가 대승불법을 수학한 시간은 13년입니다.

타이중에 온 후 이병남 선생님께서는 저에게 정토법문을 소개해주셨습니다. 그때 저는 젊은 혈기에 일반인처럼 이상은 높고 꿈은 멀리 있어 염불법문은 「할머니들이나 믿는 종교」라고 여겼습니다. 불법에는 여전히 사람들을 사로잡는 수승한 책들과 수많은 종파가 많이 존재하였습니다. 그 중에 젊은 불자들의 마음을 향하게 하는 것은 특히 『화엄華嚴』과 『법화法華』였습니다. 그러나 이병남 선생님께서는 그의 지혜와 선교방편으로 젊은 불자들을 이끄셨습니다. 우리들은 비록 완전히 받아들일 수는 없었지만, 이 법문에 대해 점차 알게 되었고 마침내 신심을 일으키고서 이 법문의 수승함을 알게 되었습니다. 실제로 이 법문의 수승함을 진정으로 이해하고 긍정한 것은 『화엄』을 17년 강해한 후였습니다. 저는 민국 60년(1971)부터 『화엄경』을 강해하기 시작했습니다. 17년 동안 80권의 화엄을 절반, 40권 화엄을 절반 각각 강해하였지만 모두 원만하게 강해하지 못했습니다. 언제나 해외로 나가 홍법을 하면서 시간이 끊어졌다 이어졌다 하면서 경전 1부를 완전히 강해하지 못했습니다. 그러나 『화엄』 안에서 우리들은 염불법문이 그 무엇과도 견줄 수 없는 제일의 법문임을 긍정하게 되었습니다.

그 당시 저는 문득 화엄회상의 양대 보살인 문수·보현보살을 생각하게 되었습니다. 문수보살께서는 일찍이 일곱 분 부처님의 스승이었습니다. 그의 학생 중에서 일곱 분이 성불하였습니다. 한편 그 자신은 고불古佛께서 다시 오셔서 응화應化하신 분이십니다. 즉 문수보살께서는 구원의 겁 이전에 성불하셨고, 현재 사바세계에 비로자나 부처님의 조수로서 등각보살의 신분으로 시현示現하고 계십니다. 저는 특별히 이 양대 보살께서 어떤 법문으로 수학하셨는지에 유의하였습니다. 마침내 『화엄경』에서 그들 두 분 보살께서 모두 아미타부처님을 염하여 정토에 태어나길 구하셨음을 알게 되었습니다. 이것은 저의 마음을 크게 감동시켰습니다!

이어서 화엄회상에서 시현한 득의문생得意門生이자 문수보살의 입실제자入室弟子인 선재동자께서 배운 것은 어떤 법문이었는지 자세히 관찰하였습니다. 원래 그는 아미타부처님을 염하며 정토에 태어나길 구한 분입니다. 53참參은 우리들에게 염불하여 정토에 태어나길 구하는 사람은 세간·출세간 일체법에 대하여 응당 이렇게 수학하여야 한다고 일러줍니다. 이것은 우리들에게 매우 큰 계시啟示를 줍니다. 요즘 말로 말하자면 진정한 아미타부처님 제자는 염불로 정토에 태어나길 구하는 사람으로 그는 어떻게 세월을 보내야 하는가? 어떻게 생활해야 하는가? 어떤 일을 해야 하는가? 어떻게 일체 대중에게 응수應酬를 해야 하는가? 이러한 질문들은 모두 우리들에게 대단히 절박한 문제일 뿐만 아니라 알지 않으면 안 되는 문제로, 그 답안은 전부 『화엄경』 안에 들어있습니다. 이는 『화엄』은 학불하는 사람이 반드시 읽어야 하는 대경임을 설명합니다.

그러나 『화엄경』의 분량이 너무나 방대해서 과거에 제가 강경한 경험으로는 만약 이 경전을 서두부터 말미까지 한 번 강해하는데 대략 3천 시간이 필요합니다. 현대 사회에서 그 누가 이 경전을 공부하는데, 이렇게 큰 인내심을 가지고 기꺼이 3천 시간을 할애하겠습니까? 현대인들의 업장은 옛날 사람에 비해 무겁다고 말할 수 있습니다. 옛날 사람들은 이 대경을 공부할 능력이 있었고 기연이 있었지만, 현대인들은 산업화사회를 지나서 21세기에는 더욱 바빠질 것이므로 생활의 압박이나 일의 압박이나 반드시 현재보다 더욱 더 심해질 것입니다. 바꾸어 말하면 시간은 날이 갈수록 줄어들 것입니다. 그래서 화엄경 말고 다른 경전을 구하지 않을 수 없습니다. 다행히도 우리들은 『화엄경』과 같이 수승하고 원만하지만, 그 분량은 오히려 매우 적으면서 현대인들이 수학하기에 대단히 적합한 경전을 발견하였습니다. 이것이 바로 『무량수경』입니다.

옛 대덕께서는 우리에게 "『무량수경』은 중본中本 『화엄』이고, 『아미타경』은 소본 『화엄』"이라고 일러주셨습니다. 경문의 길고 짧음은 같지 않아서 『80화엄』은 매우 길고, 『아미타경』은 매우 짧지만 그 안에 담긴 의리와 경계는 완전히 차별이 없습니다. 이 말씀은 청나라 초기 건륭제 시대에 팽제청彭際清 거사께서 하신 말씀입니다. 팽 거사께서는 대단한 저술을 남기셨는데, 바로 『화엄염불삼매론華

嚴念佛三昧論』입니다. 이 저술의 분량은 비록 많지 않지만, 내용은 대단히 풍부합니다. 근대의 황념조黃念祖 거사께서 이 소책자를 북경에서 한번 강해하신 적이 있습니다. 그 녹음테이프가 남아 있고 또 그것이 모두 문자로 정리되고(강기講記) 출판되어서 여러분들이 아주 쉽게 구할 수 있습니다. 이 책에서는 『화엄경』이 매우 중요한 염불법문임을 설명하고 있습니다.

문수보살께서 선재동자에게 주신 교화 · 당부 · 부촉의 말씀을 다시 살펴보면 그에게 가르쳐 주신 것은 선지식을 가까이 모시는 심리와 태도입니다. 이러한 교훈은 대단히 귀중하고 중요한 것입니다. 선재동자가 첫 번째 참방參訪한 분은 길상운吉祥雲 비구입니다. 이 선지식은 원교圓教의 초주初住보살로 화엄회상에서 이른바 41분 법신대사法身大士 중 한 분이십니다. 법신대사께서 그에게 왜 비구가 되었다고 말씀하셨을까요? 여기서 비구의 뜻은 일반 경전상의 뜻과 다릅니다. 비구는 출가한 사람입니다. 그는 어떤 집에서 출가하였습니까? 우리들이 일반 논밭과 집의 집, 처자 자식의 집이 아니라 그가 놓은 것은 '십법계十法界의 집'입니다. 십법계를 뛰어넘는 것이 진정한 출가입니다. 십법계를 뛰어넘은 후에 어디로 갑니까? 일진법계一真法界로 갑니다. 화장세계華藏世界는 일진법계로 길상운 비구는 바로 이 뜻을 대표합니다.

십법계도 집이고, 육도六道도 집입니다. 이것은 모두 우리들을 번뇌에 빠지게 합니다! 불법의 법문도 매우 많고 경론도 매우 많아서 이른바 8만 4천 무량법문입니다. 이론상으로 어떤 법문이든 모두 당신을 도와 육도를 뛰어넘고, 십법계를 뛰어넘어 일진법계를 증득하게 합니다. 이것이 바로 「성불成佛」입니다. 이론적으로는 틀림이 없지만, 사실상 우리 중생은 근기와 성향이 서로 다릅니다. 그래서 경론에서는 언제나 상 · 중 · 하의 세 가지 근기와 성향으로 크게 나눕니다. 상근기의 지혜는 말이 필요 없고, 문제가 없습니다. 그러나 중하의 근기와 성향을 지닌 사람들은 쉽지 않습니다. 수없이 많은 법문들을 배울 방법이 없습니다. 그리고 다른 사람의 이론방법을 따라 닦아 가면 성취할 수 없습니다. 번뇌도 끊을 수 없고, 습기도 끊을 수 없습니다. 불법을 수학하여 성취할 수 있는가 여부는 어디에 있습니까? 당신에게 매일 여러 경권을 읽고, 몇 시간 좌선하며, 몇 만 번 소리내어 염하라고 말하지 않습니다. 이런 것에 있는 것이 아니라 당신이 번뇌를 끊느냐, 망념을 줄이느냐에 달려 있습니다. 이것을 우리는 「공부한다」고 합니다.

2. 중생은 본래 부처이지만, 망상 · 분별 · 집착으로 인해 육도 · 십법계에 떨어진다.

부처님께서는 경론에서 우리들에게 매우 상세하게 말씀하셨습니다. 부처님께서는 "일체중생은 본래 부처이다."라고 말씀하셨습니다. 이는 『화엄경』에서 하신 말씀입니다. 우리들은 본래 부처인데, 현재 왜 이렇게 변했습니까? 이 문제는 우리들이 깊이 연구하고 사유하지 않으면 안 됩니다. 도대체 원인이 무엇입니까? 부처님께서는 『화엄경』에서 우리들에게 말씀해주셨습니다. "일체중생은 모두 여래의 지혜덕상이 있다." 여래의 지혜는 원만하여 모르는 것이 없고, 할 수 없는 것이 없습니다. 현재 이 세계뿐만 아니라 타방세계까지도 알고, 시작이 없는 과거와 끝이 없는 미래에 이르기까지 모르는 것이 없습니다. 부처님께서는 이것이 우리들의 본래 지닌 능력이라고 말씀하셨습니다.

우리들은 이러한 본래 지닌 능력을 왜 상실해버렸습니까? 부처님께서는 "다만 망상·집착으로 인해 증득할 수 없을 뿐이다."라고 말씀하셨습니다. 부처님께서는 우리들 병의 뿌리는 집착에 있고, 분별에 있으며, 망상에 있다고 말씀하셨습니다. 불법 전체는 바로 이 세 가지 문제에 집중됩니다. 천경만론이 우리가 이 문제를 해결하고, 이 같은 번뇌를 제거하도록 돕습니다. 당신에게 집착이 있기 때문에 본래의 일진법계가 변하여 육도에 윤회하게 되었습니다. 육도윤회는 「집착」에서 옵니다. 무엇을 집착합니까? 「선입관」, 즉 나의 생각과 나의 방식을 고집하면 엉망이 되어 버리고, 영원히 육도윤회를 벗어날 수 없습니다. 하루에 염불을 1만 번 하더라도 여전히 육도윤회를 합니다. 이러면 정말 큰일입니다!

어떤 일이든 「나(我)」가 있으면 끝장입니다. 그래서 부처님께서는 우리들에게 「무아無我」를 말씀하셨습니다. 『금강경』에서는 첫 번째 사구게四句偈로 「무아상無我相·무인상無人相·무중생상無衆生相·무수자상無壽者相」을 말합니다. 곳곳에서 나를 집착하면 어떻게 되겠습니까! 잘 수행하고, 빈틈없이 엄밀하게 계를 지키며, 한번 선정에 들고 한 번 양반다리를 하면 백일간 선정에서 나오지 않는다 하더라도 「나(我)」가 있으면 끝장입니다. 그러한 공부는 세간의 선정으로 육도를 벗어날 수 없습니다. 그래서 불법에서 첫 번째 수행단계는 「아집을 깨뜨림」입니다. 「아집」을 깨뜨린 후 아라한을 증득하여 삼계를 벗어나면 육도六道가 없음을 잘 알게 됩니다.

육도 바깥에는 성문·연각·보살·부처의 사성법계四聖法界가 있습니다. 사성법계는 어떻게 왔습니까? 「분별」에서 왔습니다. 집착이 비록 없을지라도 여전히 분별이 있습니다. 사성법계에서 위로 갈수록 분별하는 마음이 점점 옅어집니다. 옅을지라도 그에게는 여전히 분별이 있습니다. 그래서 바깥에는 또 십법계라고 하는 한계가 있으니 당신은 벗어날 수 없습니다! 분별을 끊어버리고 십법계를 뛰어넘으면 일진법계에 도달합니다.

대승경전에서는 성불하려면 삼대아승지겁三大阿僧祇劫이 필요하다고 늘 말합니다. 삼대아승지겁은 어느 날로부터 계산합니까? 우리들이 살고 있는, 지금 현재로부터 계산하지 않습니다. 우리들은 현재 자격이 없습니다. 분별·집착이 모두 끊어지고 십법계를 뛰어넘은 그날로부터 계산합니다. 당신이 십법계를 뛰어넘지 못하면 모든 수행은 전부 계산되지 않습니다. 육도는 더 말할 필요가 없습니다. 그래서 십법계 안에서는 부처라도 성문·연각·보살·불과를 증득하지 못합니다. 여기서 「부처」는 바로 천태종에서 말하는 장교藏教의 부처, 통교通教의 부처입니다. 이들은 십법계 안의 부처로 모두 계산되지 않습니다. 분별·집착을 정말로 깔끔하게 끊어버리고 일진법계에 이르러 원교圓教의 초주初住 보살, 별교別教의 초지初地 보살을 증득하여야 비로소 이 날로부터 계산하여 삼대아승지겁이 지나야 합니다.

삼대아승지겁에는 무엇을 깨뜨립니까? 망상을 깨뜨립니다. 「망상·분별·집착」, 이 삼대번뇌 중에서 이때 망상을 깨뜨립니다. 제1대 아승지겁에서는 30품, 즉 십주十住·십행十行·십회향十回向을 깨뜨립니다. 제2대 아승지겁에서는 7품, 즉 초지에서 7지까지 깨뜨립니다. 제3대 아승지겁에서는 3품을 깨뜨리는데 뒤로 갈수록 어렵습니다. 법운지法雲地 보살에 이르러야 원만한 성불이라 합니다. 우리들은 이러한 기본상식을 몰라서는 안 됩니다. 당신이 무엇을 닦아야 하는지? 당신의 공부가 어디에 있는지? 몰라서는 안 됩니다. 이러한 일을 분명하게 밝힌 후에 8만 4천 법문을 관찰해 보십시오. 어떠한 법문이라도 우리의 경우 문제를 해결할 수 없습니다. 미세한 망상·분별은 말할 필요도 없고, 가장 무거운 습기인 「집착」조차도 끊지 못하였는데, 무엇을 성취하였다고 말하겠습니까!

3. 착실히 염불하면 번뇌를 끊지 않고 일생에 성불한다!

천경만론의 무량법문을 마주하면 진정으로 이익을 얻을 수 없어 탄식이 절로 나옵니다. 그러나 아미타부처님께서 우리들을 위해 「업을 진 채로 왕생한다(帶業往生)」는 법문을 열어 보이셨습니다. 우리들은 깊고 깊은 아미타부처님의 은혜에 감격하지 않을 수 없습니다.

고인께서는 이를 『문밖의 대도(門餘大道)』[42]라고 불렀습니다. 이 법문의 좋은 점은 번뇌를 끊을 필요가 없다는 것입니다. 말하자면 육도·십법계를 뛰어넘을 필요 없이, 당신은 이번 일생 가운데 일진법계(극락세계가 바로 「일진법계」)에 왕생할 수 있습니다. 이러한 이익이 너무 크게 차지하여서 이 법문을 믿기 어려운 법이라 합니다. 그러나 우리들은 이 법문을 믿기가 어렵지 않습니다. 우리 한 사람 한 사람은 모두 믿을 수 있습니다. 그렇다면 어떤 사람들이 믿지 못합니까? 성문·연각·보살·십법계 안의 부처, 그들은 믿지 못합니다. 그들은 어찌 이런 달콤한 일이 있겠는가? 망상·분별·집착을 일품도 끊지 않고서 육도를 뛰어넘고 십법계를 뛰어넘는다니, 어찌 이런 일이 있겠는가? 라고 생각합니다.

확실히 이론상으로 말이 통하지 않지만, 그것은 사실입니다. 왜 이런 일이 가능할까요? 우리들은 『화엄경』·『무량수경』에서 그 답안을 찾을 수 있습니다. 그 인연은 두 가지입니다. 하나는 아미타부처님 본원 위신력의 가지加持이고, 또 하나는 자신의 선근·복덕·인연의 성취입니다. 『아미타경』에서는 "적은 선근·복덕·인연으로는 (왕생극락이) 불가하다"라고 말씀하십니다. 자기 자신이 선근·복덕·인연을 갖추고, 아미타부처님의 본원 위신력의 가지를 얻었

42) "문은 8만 4천 법문을 가리키니, 8만 4천 법문 외에도 특별법문이 있다는 말입니다. 대도大道는 성불의 길이며, 정토정업淨土淨業 법문을 말합니다. 이 법문은 또 2력법문二力法門이라고도 하여, 「불력佛力」과 「자력自力」을 나타내기도 합니다. 정토법문 외의 8만 4천 법문은 모두 자기 자신을 의지하여서만 성취할 수 있습니다. 그러나 정토법문은, 물론 자기의 힘도 중요하지만 부처님도 도와주십니다." 『불학14강 강기』, 정공법사.

다면 이번 일생에 번뇌를 끊을 필요 없이 업을 진 채로 왕생할 수 있습니다. 이 법문은 견줄 수 없이 수승하고 기특하여, 다른 제2의 법문은 더 이상 찾을 수 없습니다. 그래서 우리들이 말법시기에 태어나 이번 생에 생사를 요탈하고, 삼계를 벗어나고 싶으면 오직 이 한 길만 존재합니다. 이는 우리들이 반드시 똑똑히 알아야 하고, 그런 후에야 당신은 죽을 때까지 노실하게 염불할 수 있습니다. 축하드립니다. 그러면 당신은 이번 생에 부처가 될 것입니다. 이보다 더 수승한 것은 없습니다.

4. 도섭육근都攝六根 · 정념상계淨念相繼 · 능집소집能執所執 개불가득皆不可得

어떠한 것을 「노실老實」하다고 합니까? 대세지보살께서 『능엄경』에서 우리들에게 염불하는 방법을 가르쳐 주셨습니다. "도섭육근都攝六根 정념상계淨念相繼" 이 여덟 글자입니다. 이 여덟 글자를 실천하는 것이 바로 표준적인 노실한 사람입니다.

「도섭육근都攝六根」이란 무엇입니까? 실제로 관세음보살께서도 이 방법으로 성취하셨습니다. 『능엄경』 관세음보살 이근원통장耳根圓通章에서 말씀하신 「**반문문자성**反聞聞自性 **성성무상도**性成無上道」, 이 문구는 관세음보살 수행의 총강령입니다. 「반문反聞」이 바로 도섭육근입니다. 우리들 범부는 눈으로 색을 보고, 귀로 소리를 들으며, 마음은 모두 밖으로 달리며 바깥의 경계를 분별하고 집착합니다. 이는 잘못입니다. 무엇이 잘못입니까? 『금강경』에서는 우리들에게 "삼심불가득三心不可得"이라고 일러줍니다. 심心은 무엇입니까? 심은 생각(念頭)·사상思想입니다.

부처님께서는 「과거심불가득過去心不可得」라고 말씀하시는데, 바로 앞쪽의 불가득입니다. 「현재심불가득現在心不可得」은 현재는 과거를 이룬다고 말씀하십니다. 「미래심불가득未來心不可得」, 그것은 뒤쪽의 불가득입니다. 이는 당신이 얻을 수 있는 그런 마음은 허망하고 진실이 아니라고 설명합니다. 즉 당신이 집착 분별하는 그 생각은 허망한 것이고, 진실이 아닙니다. 당신은 이것을 자신의 것으로 받아들입니다. 이는 「억울한 일」이라고 하지 않습니다! 당신이 사유하는 바깥 경계는 부처님께서는 「인연으로 생긴 법」이라고 말씀하십니다. 세간법은 인연으로 생겨난 것일 뿐만 아니라 출세간의 불법도 인연으로 생긴 것입니다. 무릇 「인연으로 생긴 법」은 당체當體가 모두 공이고 불가득입니다. 바꾸어 말하면 당신이 집착하는 것은 불가득입니다. 능집能執과 소집所執 모두 불가득입니다. 이것이 사실진상입니다!

일체중생은 미혹·전도되어 있어, 나(我)라는 「집착할 수 있는」 주체가 있고, 바깥 경계는 내가 「집착하는」 대상이라고 여깁니다. 이것을 「망상을 일으킴」이라고 합니다. 이렇게 망상을 일으킬 때 육도윤회로 변하고 삼악도로 변하여, 그는 갖가지 업을 짓습니다. 그래서 부처님께서는 경전에서 이 같은 사람을 「가련하고 불쌍한 자」라고 부릅니다. 그는 정말 가련합니다. 그것은 정말 한바탕 공空이며,

정말 한바탕 꿈이고, 환幻이며, 물방울이며, 그림자입니다. 그는 꿈과 환, 물방울과 그림자 속에서 살아가려고 발부둥칩니다. 그는 꿈과 환, 물방울과 그림자 속에서 나쁜 짓을 짓고, 죄과를 받습니다. 당신은 "이것이 억울한 일이 아닌가?"라고 말합니다.

부처님께서는 우리들에게 "법도 버려야 하거늘 하물며 법이 아닌 것이랴(法尚應捨 何况非法)"라고 일러주십니다. 「버림(捨)」은 바로 집착하지 않음입니다. 불법도 집착하지 말아야 하는데, 하물며 세간법이겠습니까? 이 말은 대단히 사리에 밝은 말씀으로 당신이 일체를 집착하지 않으면 당신의 마음은 청정하고 자재합니다. 그러면 정말 경전에서 말한 대로 "신심信心이 청정하면 실상實相이 생깁니다." 자성반야自性般若가 현전하면 여래지如來地에 들어갑니다. 우리들은 왜 망상을 일으키려고 할까요? 왜 자신이 자신에게 못살게 굴려고 할까요? 이 점에 대해 동수 여러분들께서 특별히 주의하시고, 자주 자신을 일깨우시길 바랍니다. "마음을 일으키고 생각을 움직이는 일체 조작을 통해 자신을 못살게 굴지 마십시오."

당신은 다른 사람을 방해할 수 있습니까? 만약 당신에게 다른 사람을 방해할 수 있는 능력이 있다면 제불께서 모두 당신을 스승이라 여기고 절할 것입니다. 원인이 무엇입니까? 일체 제불에게는 이런 능력이 없습니까? 당신에게 이런 능력이 어디에 있습니까? 당신이 다른 사람을 방해하고 있다고 말한다면 그것은 우연의 일치이자 인연으로 그런 능력이 어디에 있습니까? 이것이 망상을 일으킴입니다. "물 한 모금, 밥 한술도 전생에 정해지지 않은 게 없다(一飮一啄

莫非前定).” 이것이 인과정율因果定律입니다. 당신에게 어떻게 인과를 바꿀 능력이 있겠습니까? 이러한 도리는 없습니다. 불보살께서도 인과를 바꿀 수 없습니다. 이는 경험상으로 매우 많고, 사례로 든 것도 많습니다.

부처님께서 인과를 바꿀 능력이 있다면 우리들은 어떤 행을 닦아야 하겠습니까? 부처님께서 만약 우리들을 성불하도록 제도하지 못한다면 그는 어디에서 자비를 행하겠습니까? 실제로 부처님께서는 인과를 바꿀 능력이 없고 반드시 “자신이 짓고 자신이 받습니다(自作自受)”라고 말합니다. 자신이 지은 망상·분별·집착은 자신이 집착·분별·망상을 제거하여야 합니다. 이른바 “방울을 떼어내야 할 사람은 반드시 방울을 단 사람이어야 합니다.” 이것은 그 누구도 도와주지 못합니다. 이래야 「진리를 이룬다」고 합니다.

5. 반주삼매般舟三昧

부처님께서는 자비심에 우리를 위해 사실진상을 설명해 주셨습니다. 부처님께서 도울 수 있는 것은 우리들이 ‘이것’에 이르도록 도울 뿐입니다. 그 뒤에 이어지는 일은 바로 우리 자신이 해결해야 할 문제입니다. 이 때문에 염불은 「노실하게 염해야(老實念)」 합니다! 『화엄경』에서 길상운吉祥雲 비구가 사용한 방법은 바로 우리들이 일반적으로 늘 말하는 「반주삼매般舟三昧」로 이는 우리들에게 대단히 좋은 참고를 제공합니다. 우리들은 현재 염불당을 지정(止靜 ; 좌선)·

배불(拜佛 ; 절 수행) · 요불(繞佛 ; 경행) 세 구역으로 구분하는데, 여기서 요불이 바로 반주삼매입니다. 행책行策대사께서는 『정토집淨土集』 말미에서 우리들에게 염불당에서 염불하는 방법을 가르쳤습니다. 저는 그의 책을 보기 전에 일련의 방법을 생각했는데, 그의 방법과 매우 접근했습니다. 그들의 과거 도량은 크고, 머무는 사람들도 많아서 3개 반으로 나누어 운영하였습니다. 한 반마다 네 분의 법사께서 통솔하셨는데, 한 반은 요불을, 두 반은 지정을 하였습니다. 요불 시에는 소리를 내어 염하고, 지정 시에는 소리를 내지 않고 마음속으로 염하며, 몇 바퀴 요불한 후 다시 제자리로 돌아갑니다. 두 번째 반은 계속해서 요불합니다. 이러한 형태는 모두 업장이 매우 무거워서 장기간 경행할 수 있는 능력이 없는 말법중생들을 위한 것으로 앉아서 휴식을 취하게 하였습니다. 휴식은 조사의 대자대비심입니다.

진정한 반주삼매는 90일 모두 요불하는 것으로 앉아서도 안 되고, 누워서도 안 되며, 밤낮으로 중단하지 않습니다. 생각해보십시오! 현재 누가 이런 능력이 있습니까? 누가 90일 동안 할 수 있습니까? 그렇지만 고덕께서는 주해에서 후인들이 이런 체력 · 정신력이 없다는 점을 고려하여 7일로 고쳤습니다. 그는 7일을 말씀하셨지만, 저는 그것을 더 단축하여 하루로 만들었습니다! 하루 24시간 잠자지도 앉지도 드러눕지도 않을 수 있는 것이 바로 요불繞佛로 이 모두가 반주삼매의 수행방법입니다.

염불당에서 하루 동안 공부하는 것은 실제로 매우 힘듭니다. 측면에 의자가 있어서 앉을 수도 있어 조금 휴식도 해보고, 걸어도 좋은 때라고 여기면 빨리 일어나서 돕니다. 몸에 병이 있어 앉을 수가 없으면 부처님께 휴가를 얻는 것이 이 방법입니다. 그래서 염불당에서 염불할 때 「요불繞佛」을 위주로 합니다. 요불은 소리를 내야 합니다. 염불기가 있으면 염불기의 속도와 리듬에 따라 염불하면 매우 편리합니다. 법기가 인경만 있다면 한마디 부처님 명호 「아미타불」의 「타」 자에 인경을 칩니다. 현재 일반인은 「아阿 · 타陀」 두 번 치지만, 실제로는 「타陀」자에만 치는 것이 확실히 매우 편리합니다. 이렇게 해야 마음을 거두어들일 수 있고, 진실로 「오로지 육근을 모두 거두어 들여 정념을 이어갈(都攝六根 淨念相繼)」 수 있습니다.

「정념淨念」은 의심을 품지 않고 뒤섞지 않음으로, 이렇게 염하면 마음이 청정해집니다. 「상계相繼」는 끊어지지 않음으로, 입으로 끊어짐 없이 염불하고 마음으로 끊어짐 없이 염불하는 것입니다. 만약 장기간 훈련하고 또 삼보의 가지를 얻으면 당신의 몸은 염불할수록 좋아지고 염불할수록 건강하며, 정신은 염불할수록 행복하고 얼굴은 염불할수록 장엄할 것입니다. 이것은 필연적인 도리입니다. 학불의 효과가 여기서부터 보이고, 서방극락세계에 왕생은 비로소 진정으로 자신이 생깁니다!

6. 한영 관장 왕생의 서상

최근 우리 화장정종학회華藏淨宗學會 회장이신 한영 관장께서 왕생하셨습니다. 그분께서 왕생하실 때 보이신 서상瑞相은 우리들에게 매우 큰 신심을 불러일으켰고, 우리들에게 매우 큰 일깨움을 주셨으며, 염불왕생이 거짓이 아니라 진실임을 설명해주셨습니다.

어제 저는 이곳에 와서 비행기 안에서 채蔡 거사를 만났습니다. 채 거사는 저에게 이번에 대만으로 돌아갈 것이라고 말했습니다. 3개월에 네 사람의 죽음을 배웅하였다고 하니, 사람 목숨이 얼마나 무상합니까! 돌아가시는 분을 꼼꼼히 살펴보니, 병이 위중하여 돌아가시기 전에는 의심이 생기고 두려워했다고 합니다. 『지장경地藏經』의 말씀처럼 이 사람이 오기도 하고, 저 사람이 오기도 합니다. 그가 말한 것은 모두 그가 알고 있는 이미 지나간 세상의 것입니다. 그들이 정말로 왔습니까? 『지장경』에서는 아니라고 말합니다. 그의 원친채주冤親債主가 온 것입니다. 곧 숨이 끊어질 것 같을 때 친한 친구로 변화하여 그를 유혹하러 온 것입니다. 그를 찾아 빚을 정산하려는 것이지 정말로 배웅하러 온 것이 아닙니다. 우리들은 매일 한 사람이 임종할 때 거의 이러한 현상이 일어남을 수없이 많이 목격합니다. 이는 『지장경』의 말씀과 완전히 일치합니다.

한 관장님께서 병환으로 입원해 계실 때 우리는 요괴악마(妖魔鬼怪)가 병원에 매우 많이 있음을 알게 되었습니다. 어찌 하루 종일 병원에 죽는 사람이 없겠습니까? 매일 매일 상당히 많은 사람들이 죽습니다. 의사와 간호사 중에는 부처님을 믿지 않은 사람들이 매우 많지만, 귀신은 있다고 믿습니다. 왜 그럴까요? 그들은 귀신을 본 적이 있습니다. 정말로 본 적이 있습니다. 조금도 거짓이 아닙니다! 이따금 무상대귀(無常大鬼)[43] - 백무상白無常과 흑무상黑無常[44])이 보이기도 합니다. 만약 환자가 병원입구에 나타나면 그들은 이 환자가 기껏해야 3일

밖에 살지 못함을 알고 있습니다. 그들은 언제나 지켜보고 있습니다! 관장님께서 병원에 계실 때 우리들이 가장 걱정한 것은 바로 이 일이었습니다. 그래서 그분의 병세가 조금 더 위중해질 때 우리 출가자들은 그분을 지켜드렸습니다.

대만은 요 며칠 날씨가 매우 더웠습니다. 우리는 법복(해청海青)을 입을 필요가 없어서, 저는 스님들에게 병실 안에서 조념助念할 때 모두 옷을 걸어두자고 했습니다. 그분의 병상 위에 우리들은 아미타 부처님 불상과 대승경전을 공양하였습니다. 이렇게 삼보三寶를 원만히 갖추었습니다! 그 목적은 바로 원친채주를 억눌러서 접근할 수 없기를 바라는 마음이었습니다. 우리는 이 작업을 매우 잘 해내었고, 그분이 병에 걸렸을 때부터 돌아가실 때까지 줄곧 매우 엄밀하게 보호하였습니다. 그런 것을 보았다고 말하지는 못하지만, 우리는 매우 안심이 되었습니다.

그동안 염불하는 중에도, 병이 위중한 때에도 그분께서는 이 사람, 저 사람을 본 적이 없습니다. 병원 내 의사와 간호사가 저희에게 말했습니다. "전체 병원 분위기가 평상시와 달리 상스러운 기운과 화목한 분위기가 가득합니다. 종전과 달리 공포도, 불안도, 괴이한 것들도 모두 사라져 버린 것 같습니다." 이것은 정말로 삼보三寶의 위신력에 의해 가지加持를 입은 것입니다. 우리들은 이 도리를 이해하고 있었고, 그래서 엄정히 지켜드렸습니다.

---

43) 육도윤회도六道輪回圖에는 연기緣起의 법칙에 의해 지배되는 윤회의 끝없는 순환과정을 무상대귀無常大鬼라는 괴물이 붙잡고 있는 수레바퀴로 표현하고 있다.

44) 백무상과 흑무상은 저승사자들로 이들이 임종을 맞이하는 사람에게 와서 그를 쇠사슬로 묶어 체포한 후 심문하고 죄를 판단하여 저승으로 돌아가게 한다.

저는 매일 두세 차례 가려고 노력했고, 대부분의 시간은 그곳에서 그분을 도와 조념助念하였습니다. 그분은 매일 정오에 아들에게 시켜서 저에게 전화를 걸었습니다. 원래 저는 매일 정오에 도서관에 돌아가 휴식을 취하거나 낮잠을 잤습니다. 대개 3시 정도에 다시 그분을 보러 갔습니다. 그날 12시쯤 제가 마침 밥을 먹고 있었는데, 그분이 돌아가시려고 한다고 저를 불렀습니다. 이때 상황은 매우 위급했습니다. 저는 바로 가서 대략 3시 정도까지 그분과 대화를 나누었습니다. 그분은 한 시간 가량 혼미한 상태로 있었습니다. 그래서 우리는 크게 소리내어 염불하였습니다. 정식으로 조념 염불을 시작하여, 그분의 의식을 일깨웠던 것입니다.

(1) 첫 번째 부처님 친견(第一次見佛)

대략 저녁 6, 7시 즈음 주치의가 와서 상태를 살펴본 후 아들에게, 한 관장님에게는 명이 약 두 시간만 남아있을 뿐이라고 알려주었습니다. 그래서 우리도 염불을 강화하여 8시까지 염불하였더니, 의식을 회복해 정신이 매우 좋아졌습니다. 물도 마시려고 하고, 음식도 드시려고 했습니다. 저녁 10시 반까지 그분의 상태가 매우 좋아서 큰 소리로 "아미타불"을 염불하였습니다. 그러자 **첫 번째로 아미타 부처님을 3~4분 정도 친견하고서 아미타 부처님께서 가셨다고 알려주셨습니다.** 저는 아미타 부처님께서 오셔서 위로하셨다면 아마 건강이 좋아질지도 모른다고 말했습니다. 우리들은 그분이 회광반조 迴光返照[45]하여서 결국 그분의 정신이 더욱 좋아졌을 것이라고 생각했

---

45) 빛을 돌이켜 스스로에게 비춘다(스스로의 내면을, 스스로의 마음을 비춘다)라는 뜻으로, 1) 해가 지기 직전 일시적으로 햇살이 강하게 비추어 하늘이 밝아지는 현상. 2) 빛을 돌이켜

습니다. 그래서 저는 우리들이 앞으로 전개해 나갈 '불법을 널리 펴서 중생을 이롭게 하는(弘法利生) 일'에 대해 그분과 담소를 나누었습니다. 그분께서는 제일 큰일을 제시하였습니다. 바로 교학教學으로, 이것은 너무나 중요하므로 결코 중단해서는 안 된다고 하셨습니다. 1차로 『화엄경華嚴經』을 청하면서 반드시 그것을 원만히 강설해 주길 희망하셨습니다.

우리는 2시간 반쯤 담소를 나누며, 밤 2시 정도까지 이야기하였습니다. 그분의 정신은 매우 좋았습니다. 그래서 저는 일이 없을 것 같아 의사에게 찾아가서 잠시 진단결과를 기다렸습니다. 의사는 고개를 저으며 말했습니다.

"불가사의해요! 당신들 염불인은 정말 이상합니다. 불가사의해요! 건강을 회복하신 것 같아요."

이것이 그분께서 첫 번째 아미타 부처님을 친견하신 경위입니다.

저는 그분에게 말했습니다. "지금 아미타 부처님을 염불하셔서 저희들보다 더 아미타 부처님과 가까워졌습니다. 관장님께서는 친견하셨지만, 저희들은 아직 친견하지 못했습니다."

그녀는 말했습니다. "맞아요! 맞습니다!"

두 번째 날도 저는 다시 그녀를 보러 갔지만, 모든 것이 매우 정상이었습니다.

세 번째 날, 저는 그날 저녁에 이야기를 나누고 싶은 내용을 메모하였

스스로에게 비춘다는 말로, 끊임없는 자기반성을 통해 자신에게 내재된 영성(靈性)을 깨닫는다는 말.

습니다. 12가지를 메모하였는데, 모두 적고 나서 오후에 그녀에게 보여주었습니다. 하나하나 저의 생각을 그분에게 들려주었더니, 매우 좋아하셨습니다.

그분께서는 완전히 의식을 회복하셨고, 머리가 맑고 깨끗한 상태로 우리와 함께 염불하셨습니다. 바로 이때 저는 돌연히 생각이 떠올랐습니다. 저의 가사 옷이 커피색이기 때문에 제가 지금 출가자란 생각이 들자 황색 법복을 입고, 홍색 가사를 걸쳤습니다. 이것은 여법하지 않습니다. 일체 대소 경론에서는 출가자가 입어야 하는 옷은 모두 염색한 옷으로 진노랑 · 진홍색 옷은 없습니다. 이런 옷은 없다고, 한 관장님께서 누차 강조하셨습니다. 우리는 여법해야 합니다. 우리 출가자들은 다른 출가자들의 좋은 본보기가 되어야 합니다. 재가자들도 다른 재가자들의 좋은 본보기가 되어야 합니다. 도량도 다른 도량의 본보기가 되어야 합니다. 이것이 그녀의 바램이었습니다. 그래서 저는 우리 도서관에 있는 출가자들은 옷을 중요시해야 한다고 생각합니다. 제가 병원에서 오도悟道 스님에게 전화를 걸어, 빤치아오(板橋) 승복 가게에 통지를 해서 저녁에 와서 옷을 재라고 말하고서 저는 돌아갔습니다.

(2) 두 번째 부처님 친견(第二次見佛)

제가 돌아간 후 병원을 떠난 지 얼마 되지 않아 **4일 정오 무렵 그분께서는 두 번째로 아미타 부처님을 친견하셨습니다. 또 연꽃과 연못을 보았는데, 물이 엄청났습니다. 엄청난 양의 물에 연못도 상당히 컸습니다.** 그분이 두 번째로 아미타 부처님을 친견할 때 저는 없었습니다. 저녁까지 승복 가게의 주인 아주머니가 와서 우리 몸 치수를 재어 옷을 빨리 공급할 수 있기를 희망하였습니다. 어쩌면 우리가 매우 급히 사용해야 할지도 몰랐습니다! 그 주인 아주머니는 말했습니다. "저도 알고 있어요."

도서관 사람들은 모두 멍하니 들었습니다. 어떻게 알고 있다는 거지?

그녀는 말했습니다. **정오에 아미타 부처님께서 관장님께 왕생할거라고 알려주셨다고 합니다.**

> "도서관에 급한 일이 있을 거니, 너희들은 반드시 그를 위하여 일을 서둘러야 한다."

우리들은 이 말을 듣고서 정말 위로가 되었습니다. 원래 관장님의 일은 아미타 부처님께서 그녀를 위해 안배安排하신 것이었습니다. 이 주인 아주머니는 아미타 부처님께서 그녀에게 이 말씀을 알리시는 것을 들었다고 했는데, 관장님이 두 번째로 아미타 부처님을 친견하는 시간과 똑같았습니다. 한 사람은 산쥔쫑(三軍總) 병원에 있었고, 한 사람은 빤치아오(板橋)에 있었는데, 시간이 똑같다니, 이것은 불가사의한 일입니다!

그래서 그날 오후 저는 병원에 가서 관장님을 뵈었습니다.

제가 말했습니다. "또 아미타 부처님을 친견하셨군요."
그녀가 말했습니다. "예"
제가 말했습니다. "아미타 부처님의 자비와 친절을 느끼셨군요!"
그녀가 말했습니다. "예! 정말 너무나 자비롭고 친절하셨습니다!"
이는 조금도 거짓이 아닙니다! 그녀는 우리들에게 신심을 불러일으켰습니다. 승복가게 주인 아주머니는 과연 옳았습니다. 그분은 집에서 옷감을 모두 잘 준비하셨습니다. 그래서 관장님께서 왕생하신 후 우리들이 조념할 때 걸친 옷은 전부 다 커피색이었습니다. 사진을 이미 가지고 왔으니, 여러분들도 다 볼 수 있습니다. 확실히 매우 여법하였습니다.

물을 마실 때 그 근원(우물을 판 이)을 생각하듯이 은덕恩德, 즉 스승의 은혜(師恩)와 호법의 은혜(護法恩)를 말씀드리겠습니다.

관장님의 사람됨은 수많은 동수 여러분들께서 평상시 그분과 함께 지내보면 항상 하하 웃으셔서 마치 그분이 염불하는 모습을 본 적이 없어 보이는데, 그분의 왕생은 왜 이렇게 수승할까요? 자세히 생각해 보면 **그분은 보통사람이 아니라 아미타 부처님께서 호법을 위해 파견하신 분입니다. 정종학회는 특별히 하련거 거사께서 회집會集하신 『무량수경無量壽經』 선본을 오늘날 전 세계에 두루 퍼뜨릴 수 있었습니다.** 물을 마실 때 그 근원을 생각하듯이, 그 근원을 찾으면 바로 그녀가 삼보를 호지護持한 공덕입니다. 이 공덕은 너무나 큽니다.

우리들은 그해 타이베이(台北)에서 경전을 강설했습니다. 그 당시 우리들이 맞닥뜨린 좌절과 고난은 상상할 수가 없을 정도였습니다! 질시와 장애는 우리를 거의 막다른 골목으로 몰아넣었고, 핍박은 환속하지 않으면 안 될 정도였습니다. 우리는 이렇게 엄청난 고난을 겪어야만 했습니다! 그분은 이런 때에도 경전강설을 듣는 청중의 한 사람이었습니다. 제가 한 관장님 부부, 두 분께 경전을 강설하면 그분들은 언제나 그 경전강설을 들어주셨습니다. 제가 이런 곤경에 빠져있는 모습을 보고 두 분께서는 저의 편이 되어주었습니다. 그래서 저를 자신의 집에 초청해서 저는 한 관장님이 거주하는 집을 방문하였습니다. 그 집은 독채 건물 한 동으로 작은 서양식 집이었습니다. 위층은 비어있었습니다. 그분의 아이들은 초급중학교에서 공부하고 있었고, 그중 한 아이는 위층에 살았습니다. 그분은 저에게 물었습니다. "이런 환경에도 머물러 계실 수 있겠습니까?" 저는 매우 만족하였습니다.

그 후 타이중(台中)으로 돌아갔습니다. 이러한 사정을 이병남李炳南 거사께 알려 드렸더니, 이병남 거사님께서는 "괜찮다!"고 답하셨습니다. 그래서 저는 그분의 집에 머물렀고, 그분은 삼보를 호지護持하셨습니다.

경전을 강설하는 법사는 쉽지가 않습니다. 두각을 나타내기가 너무너무 힘듭니다! 강단이 있고, 청중이 있어야 연마를 하고 연습을 해나갈 수 있습니다. 그분은 저를 위해서 장소를 물색하였으며, 저에게 장소를 빌려주었습니다. 그분을 찾으면 친구로서 경전강설을 들으러 오셨습니다. 저로 하여금 중단 없이 줄곧 경전을 강설하게 하였습니다. 삼보를 호지護持한지 30년 동안 변하지 않는 항심(恆心)이 있었고, 인내심(耐心)이 있었습니다![46] 이렇게 오늘날 우리는 성취하였습니다. 그래서 그분의 병환이 위중할 때 그분 스스로도 알고 싶어 해서, 저는 그녀에게 『지장경地藏經』에 있는 말씀을 들려주었습니다. 그녀는 이번 일생에 좋은 일들을 하셨지만, 그녀 스스로 신심을 가지고

46) "선비(士) 라면 항산(恒産; 안정적인 재정)이 없어도 항심恒心을 가질 수 있지만, 일반 백성은 항산이 없으면 항심을 가질 수 없다'(無恆產而有恆心者 , 惟士為能。若民 , 則無恆產 , 因無恆心). 『맹자』 양혜왕梁惠王 상上.

왕생하는 것이 매우 중요했습니다.

우리 정종학회는 한 그루 보리수와 같습니다. 이것의 묘목은 장가章嘉 대사님께서 재배하신 것으로 작은 나무가 타이중에서 성장한지 10년이 되었습니다. 이때는 매우 연약하여 사람들이 그것을 망쳐버리고, 가벼워서 들기 쉬웠습니다. 그 뒤로는 그녀가 30년을 보살펴서 정종학회는 오늘날 국내외에 확대 발전되었고, 이미 전 세계에 두루 퍼졌습니다.[47] 그 근원을 찾으면 바로 그분이 삼보를 호지하신 공덕입니다. **그분이 막 돌아 가시려 할 때 아미타 부처님을 두 차례 친견하셨습니다. 아미타 부처님께서는 우리들에게 옷을 지으라 부촉하시고, 일을 서둘러 하라고 하셨습니다. 그녀가 아미타 부처님께서 파견하여 오신 것이 아니라면, 누가 파견해서 오신 분이겠습니까? 이 인연은 희유할 따름입니다!**

이러한 은덕은 저 한 사람에게 준 것이 아니라 매일 『무량수경』 선본을 염송하는 사람과 매일 아미타 부처님을 염불하는 사람은 모두 다 그분의 은덕을 입었습니다. 이러한 도리가 여기에 있습니다. 그래서 **홍법弘法과 호법護法은 쉽지가 않아 매우 높은 지혜와 인내심, 굳은 의지가 있어야 하고 일체의 비방과 칭찬을 인내할 수 있어야 합니다.** 당연히 칭찬하는 사람도 있고, 헐뜯는 사람도 있습니다. 우리는 참아내어야 합니다. 좌절을 만날지라도 조금도 물러나고 두려워하는 마음을 내어서는 안 됩니다. 이러면 지금까지의 노력이 모두 수포로 돌아가기 때문입니다. 그분은 확실히 이번 일생에 그렇게 실천하셨습니다. 그 당시 어떤 사람이 한가롭게 잡담을 하거나

47) 2015년 영국에 정종학회가 설립되었고, 정공 법사님은 여러 정종학회 승가 여러분과 영국에서 법회를 여는 한편 영국 황실의 환대를 받았습니다.

어떻게 공격하든지 그분은 모두 여여如如하여 움직이지 않았습니다.

우리는 해외에까지 홍법하였는데, 모두 그녀가 방법을 생각해내어 난관을 돌파하였습니다. 젊은 시절 출가한 사람이 출국하려면 반드시 중국불도회中國佛徒會를 거쳐야 하는데, 중국불도회가 불허하여서 여권을 발급받지 못했습니다. 그러나 중국불도회가 절대 저를 도와줄 리가 없음을 저는 너무나 잘 알고 있었고, 한 관장님도 이해하고 있었습니다. 그분은 저를 외국에서 홍법하도록 하기 위해서 『만국도덕회萬國道德會』에 가입시켰습니다. 만국도덕회의 그 당시 몇몇 지도자들은 모두 동북인東北人으로 고향이 같았습니다. 그분은 만국도덕회에 저를 고문으로 초빙할 것을 청하였습니다. 그들의 단체를 따라 미국 로스앤젤레스에서 제3차 세계대표대회를 개최했습니다. 만국도덕회에서 저를 위하여 여권 서류를 작성해 주어서 여권을 발급받았습니다. 사실상 이것은 삼보의 가피입니다. 30여 명이 모여 비자신청을 하러 갔는데, 오직 저와 관장님만 5년 비자를 발급받았습니다. 다른 사람들은 모두 3개월 비자였습니다. 너무나 뜻밖이었습니다! 출국한 후 해외에는 우리 친구와 학생들이 많았고, 이렇게 인연이 맺어졌습니다. 이제야 비로소 국제 홍법이 전개되었습니다. 이것은 모두 어느 곳에서나 애쓰고 어느 곳에서나 방도를 찾아 도와서 겹겹의 난관을 돌파한 그분의 공덕 때문입니다. 그래서 호법은 그분 한 사람의 역량으로 성취되었습니다.

관장님께서는 언제나 이목원李木源 거사님을 찬탄하셨습니다. 오늘날 난양南洋48)에서 염불하는 풍조가 번창한 것은 그분이 이끌어 나가신

48) 중국 대륙기준로 난양南洋은 서남아시아로 우리가 통상 말하는 동남아시아 지역을 말하는데 이 지역 사람들은 대부분 수세대에 걸쳐 각지에서 이민 온 이주민인데 그 중

덕분입니다. 제가 제1차로 싱가포르에 도착한 것이 1987년이었습니다. 그때에 싱가포르에는 비록 도량이 매우 많고 스님이 무척 많았지만, 정토를 수행하는 곳은 없었습니다. 요즈음 우리들은 정토 수행을 하고, 『무량수경』 선본을 챙기고 있습니다. 말레이시아에는 7~8개의 정종학회가 있는데, 현재 그곳에는 독경하는 사람들도 많고, 염불하는 사람도 많으며, 왕생한 사람도 종종 있습니다. 모두 이목원 거사님 한 분의 공덕입니다! 저는 언제나 여러분들에게 외칩니다. 여러분들 생각해보십시오. 만약 이목원 거사님이 아니었다면 그 누가 우리를 싱가포르에 경전강설을 할 수 있도록 초청하겠습니까? 우리를 초청하는 사람은 아무도 없습니다! 2년간 그분은 경전강설을 청하였을 뿐만 아니라 또 육성반을 운영하여 인재를 계속 훈련시키는 계기를 마련하고 있습니다. 이것은 대단히 중요합니다. 이런 공덕은 너무나 크고 불가사의합니다! 그래서 우리들은 진정으로 호법에 의지하고, 이분께 의지합니다. 그분이 이끌어 나가지 않는다면 성취할 수 없습니다.

8. 재래인再來人, 하련거夏蓮居 노거사 무량수경을 회집하다

"당연히 그들 몇 사람들은 보통 사람이 아닙니다. 불법과 매우 깊은 인연이 있는 분들이고 불가사의한 사명을 지닌 분들이십니다." 바로 하련거夏蓮居 노거사께서 그 당시 세상에 계실 때 하신 말씀과 같습니다. 이는 제가 1년간 북경에 있었을 때, 그분의 손자이신 하법성夏法聖 거사께서 저에게 알려주신 말입니다. 하법성 거사는

중국계인들은 자신들을 난양화교라고 부릅니다.

황념조黃念祖 거사의 학생이고, 황념조 거사는 그의 할아버지의 학생입니다. 하법성 거사가 한번 저를 본적이 있었는데, 저에게 말했습니다.

할아버지(하련거 노거사)께서 왕생하실 때 당신 주변에 있던 사람들에게 말했다고 합니다. "회집된 이 경본經本은 장래에 해외로부터 중국으로 전해질 것이고 또 이 경본은 장차 전 세계에 두루 전해질 것이다." 그때 그들은 이 말을 듣고서 모두 대단히 오묘한 느낌이 들었고, 그가 빨리 가려는 것 같다고 여겼다고 합니다.

대개 신령한 지혜(神智)는 그다지 정상적이지 않고, 어떻게 그와 같은 말을 할 수 있는지, 근본적으로 불가능한 일입니다. 현재 생각해 보건대 과연 틀림없는 사실입니다. 『무량수경』은 확실히 대만, 미국으로부터 중국대륙에 전래되었고 지금은 분명히 전 세계에 두루 전해졌습니다. 그래서 이들은 모두 불보살께서 다시 오신 분으로, 모두 보통사람들이 아닙니다.

하련거 노거사는 또 다른 사적事蹟 하나가 있습니다. 제가 미국 마이애미(Miami)에서 강경을 하고, 『인식불교認識佛教』를 강설할 때였습니다. 한번은 제가 미국 동해안을 따라 뉴욕 워싱턴 DC에서 애틀랜타(Atlanta)로 오는 중간에 정류소가 하나 있었는데, 마지막 정류소인 마이애미에 도착했습니다. 저는 그때 『지장경地藏經』 대의를 강연했습니다. 마이애미에는 수많은 외국인이 강연을 들으러 왔으며 그 당시 증헌위曾憲煒 거사가 통역을 해주셨는데, 그의 통역

능력이 매우 뛰어났습니다. 저는 매우 많은 외국인이 온 것을 보고 강연주제를 『지장경』 대의에서 인식불교로 바꾸었습니다. 저는 그에게 제가 이 주제로 강연을 할 때 녹음테이프에 남겨서 한 장은 중문으로 하고 한 장은 영문으로 하여, 외국인들이 불교를 알고 깊이 이해하는데 도울 수 있을 것이고, 이는 좋은 일이라고 말했습니다.

증 거사는 부처님 공부를 매우 섞어서 하였는데 참선도 배우고 밀교도 배워서 신통감응에 무척 환희심이 들었다고 합니다. 그리고 마이애미, 이 지역에는 기이한 사람들이 아주 많아서 그는 늘 그들과 가까이 지냈다고 합니다. 저는 그곳에 가기 전에 먼저 『무량수경』 몇 본을 부치고 갔습니다. 그것은 황념조 노거사의 주해서로 주해서 앞쪽에 하련거 노거사의 사진 한 장이 있었습니다. 그는 이 사진을 가지고 가서 외국에 있는 「통」한 사람에게 보여주고서 그들에게 이 사람이 어떠한지? 살펴보게 하였습니다. 그 결과 그들은 매우 좋다고 말했습니다. 그들은 첫마디 말로 증 거사에게 말했습니다. **“이 사람의 몸은 투명한데 그는 보통 사람이 아니라 보살이 다시 온 분입니다.”** 사람에게서 보이는 것이 아니라 사진 상에서 보이는 것입니다. 무엇을 투명하다고 합니까? 실제로 말해서 번뇌가 없으면 신체가 투명합니다. 우리들의 이 몸은 사람들이 한번 보면 새까맣고 그 안에는 탐 · 진 · 치 · 교만이 무더기로 쌓여있습니다!

이것은 바로 하련거 노거사께서 번뇌가 없고, 분별 · 집착이 없음을 설명합니다. 그래서 그의 몸이 투명한 것입니다. 게다가 그는 말했습니다. **"이 분은 이미 계시지 않지만 세상에 계실 때 그다지 이름을 날리지 않았지만, 그는 분명 재래인再來人이었습니다."** 이 말을 긍정적으로 받아들이십시오. 이것이 제가 마이애미에 갔을 때 증 거사가 저에게 들려준 말입니다. 그리고 이 「통」한 사람은 증 거사에게 말했습니다. **"법사가 강경하는 도량은 당신들 일반인이 보기에는 단지 몇몇 사람들이 이곳에 와 앉아 있는 것처럼 보여도 실제로는 천룡팔부 귀신이 함께 있습니다."** 왜 모두들 이곳에 앉아서 매우 행복한 느낌이 들겠습니까? 불광佛光의 가지加持가 있기 때문입니다. 당신은 이 법사의 말솜씨가 매우 좋아서라고 생각하지 마십시오. 아닙니다. 이것은 불광의 가지입니다.

이들 외국인은 날마다 왔습니다. 증 거사는 "당신들은 생각이 매우 깊습니다."라고 말했더니, 외국인은 "꼭 그렇지 않습니다. 우리들도 알아듣지 못합니다."라고 말했습니다. 그의 통역이 비록 틀리지 않게 통역하였어도 구경에는 여전히 말이 뜻을 충분히 드러내지 못합니다. 그렇다면 왜 날마다 왔을까요? 불광 속에 잠겨 있기 때문입니다. 그는 "대단히 편안한 느낌입니다."라고 말했습니다. 그가 말한 불광은 현재 과학자들이 말하는 「자기장」과 확실히 다릅니다! 그래서 우리들은 경전에서 말한 대로 장래 부처님의 법운이 1만2천년 후에 일체 경전이 모두 사라지지만, 『무량수경』은 여전히 1백년간 남아있을 것입니다. 우리들은 지금 매우 또렷하게 볼 수 있습니다. **장래 최후 1백년간 남아서 전해질 『무량수경』은 바로 하련거 거사의 회집본임을 우리들은 긍정할 수 있습니다.** 이 판본은 회집이 분명 잘 되었고, 5종 원역본을 집대성한 것입니다. 그래서 저는 독송 강해할 능력이 있는 동수분들께서 재가자 · 출가자를 막론하고 모두 발심을 하여 이 경을 배우고 이 경을 강해하시길 희망합니다. 그러면 공덕이 무량무변할 것입니다! 일체 대중에게 이 법문을 알게 하고 이 법문을 깊이 이해하게 하면 이번 일생에 득도할 수 있습니다.

9. 화엄경 · 무량수경은 원만한 법륜이다

비록 과거 생에 선근이 있고 복덕이 있을지라도 만약 인연이 없다면 여전히 성취할 수 없습니다. 인연이란 무엇입니까? 인연은 바로 이 경전(무량수경)을 강해하는 것입니다. 그로 하여금 이 경전 강해를 듣고 무량겁의 선근 · 복덕을 계발하여 이 세 가지가 결합하도록 하면 이번 생에 성취할 수 있습니다. 그래서 우리들은 특별히 이 경전을 강조합니다. 이 경전의 내용은 바로 『화엄』의 전부이므로 『화엄경』은 바로 『무량수경』의 주해라고 말할 수 있습니다. 우리들이 『화엄』을 강해 · 독송하는데 그렇게 오랜 시간, 그렇게 많은 정력을 쏟을 수 없더라도 『무량수경』을 수지하면 매우 좋습니다.

이 경전을 잘 강해하고 철저하게 강해하려면 반드시 『화엄』을 숙독하여야 합니다. 왜냐하면 화엄경에 있는 한 글자 한 글자, 한 문구 한 문구가 모두 대방광大方廣의 경계이기 때문입니다. 그래서 『화엄』에 깊이 들어가지 않으면 이 경전을 강해하기 매우 곤란합니다.

이것이 한영 관장께서 저에게 『화엄경』 강해를 청하신 원인입니다. 저는 만약 학생이 있다면 『화엄경』을 가르치는 작은 반을 열기를 희망합니다. 그러나 이는 매우 큰 인내심이 있어야 합니다. 왜냐하면 그것은 짧은 시기에 성취할 수 없기 때문입니다. 게다가 일체를 모두 내려놓고서 전심전력으로 수학할 수 있어야 합니다. 이것이 불법의 원만한 법륜입니다.

10. 전수정토專修淨土 · 해행병중解行並重

우리들은 이번에 며칠간의 짧은 시간을 이용하여 이곳에 와서 이쪽의 환경을 살펴보고, 정리를 하여 조금 규모를 갖추었습니다. 이는 대단히 얻기 어렵고, 그 인연이 대단히 수승합니다! 우리들은 정종淨宗이 장래에 호주와 뉴질랜드, 이 두 지구에서 대단히 전도가 유망할 것으로 믿습니다. 이런 무량한 공덕은 모두 동수 여러분 한 분 한 분이 닦은 바이고, 아미타부처님과 제불여래께서 모두에게 가지하여 주신 은혜입니다. 모두가 신심이 있어 일문에 깊이 들어가고, 노실하게 염불하며, 해문解門과 행문行門을 나란히 중요하게 여기시길(解行並重) 희망합니다.

행문行門에서는 노실하게 염불하여야 하고, 해문解門에서는 경전 말씀을 듣고, 청경聽經을 하지 않으면 안 됩니다. 청경을 하지 않아도 되는 사람은 어떤 사람입니까? 의심이 완전히 없고, 경건한 마음과 정성을 다해 염불하여 경전 말씀을 긍정하는 사람으로 이 같은 사람은 청경을 할 필요가 없습니다. 만약 서방극락세계에 대해 여전히 의심이 있고 정말 또렷이 이해가 되지 않으면 청경이 반드시 필요합니다. 청경은 당신의 신심을 증장시키고, 당신의 원력을 증장시킵니다. 이치가 여기에 있습니다.

완전히 무르익은(經熟) 후 당신은 어떻게 수학할지 잘 알게 됩니다. 특별히 우리들이 아직 왕생하기 전에는 우리의 신체는 아직 세간에 있고, 여전히 사람의 무리와 사회로부터 떼어내지 못합니다. 우리들은 어떻게 이 사회에 대처할 것인가? 어떻게 생활하며 보낼 것인가? 이것은 모두 경전의 가르침 속에 들어 있습니다. 청경을 하지 않고, 노실하게 염불하는 사람은 어떤 사람입니까? 그 사람은 어떤 일도 하지 않고, 어떤 사람도 왕래하지 않으며, 오르지 염불당에서 염불만 하면서 정말로 "모든 인연을 내려놓았다" 할 수 있을 정도이면 그 같은 사람은 그렇게 해도 좋습니다. 만약 여전히 사회와 접촉을 하고 있으면 반드시 경전의 가르침을 잘 알아야 합니다. 그래야 당신은 이 사회에 어떻게 대응할 것인지, 어떻게 사회대중을 유도하여 학불하게 할 수 있는지, 잘 알아야 스스로의 실행과 다른 사람을 교화하는 공덕이 비로소 원만합니다. 그래서 청경과 염불은 같이 중요합니다.

우리 도량에서 제창하는 것은 「해행병중解行並重」입니다. 그래서 장래 바깥에 강당을 더 세우면 강경講經을 전문으로 하는 강당을 세울 것입니다. 이 강당은 해문解門에 속하는 것으로 곧 믿음을 권함(勸信)과 발원을 권함(勸願)입니다. 이 지역에서 염불당을 지으면 싫증이 날 것입니다. 왜냐하면 진정한 염불인은 결코 많지 않기 때문입니다. 장래 불칠佛七법회를 거행하면 저는 매월 한 차례 할 수 있길 희망합니다. 참가하는 사람은 48명이 가장 좋습니다. 아미타부처님의 48원은 48명의 사람과 꼭 맞습니다. 만약 여전히 많은 사람이 있으면 다음 달로 배치하면 됩니다. 사람이 더 많으면 다시 다음 달로 배치합니다. 모두에게 이 불칠 법회가 매우 귀중하고 매우 얻기 어렵다고 느끼게 하여, 정원 한 사람 한 사람을 가까스로 채워 나가면 매우 뜻이 깊고, 대단히 소중할 것입니다.

왜냐하면 사람이 너무 많으면 온갖 잡된 마음(雜心)과 한가한 이야기(閒話)로 이익에 이르지 못할 뿐만 아니라, 우리들이 준비하는 것도 매우 곤란할 것입니다. 만약 1개월마다 48명이면 우리들은 머물며 먹을 것, 준비해야 할 것이 아무리 많아도 접대가 매우 편리할 것입니다. 그래서 저는 매 1개월마다 불칠 법회를 거행하길 희망합니다. 이곳이든 외부이든 관계없이 48분이 모두 이미 사전에 신청해 두었습니다. 만약 매 세션마다 참가하면 특히 환영받을 것이고, 세션에 모두 참가하면 반드시 성취가 있을 것입니다.

정공 법사와 호주 정종학회

한영 관장, 서방왕생 15주년 특별법문

오현悟顯 법사

연세가 드신 동수 여러분들은 모두 3월 5일이 어떤 날인지 아실 것으로 믿습니다. 금년(2012년)은 화장華藏불교도서관 한영 관장님 왕생15주년 기념일입니다. 한 관장님은 일생을 다 바쳐 불법을 30여년 호지護持하셨고, 정종淨宗이 가장 쇠약할 때 가장 강력한 도움을 주셨습니다. 우리들이 현재 『무량수경』 회집본을 볼 수 있고, 정토종이 전 세계에 두루 퍼진 것을 볼 수 있으며, 불교의 주요 수행 종파가 될 수 있었던 것은 한 관장님의 공덕이라고 말씀드릴 수 있습니다. 그 당시 만약 그녀가 호지하지 않으셨다면 오늘날 우리는 정토법문을 들을 수 없었을 것입니다. 이것은 아주 확실한 사실입니다.

오래전 타이완에 강경講經·설법說法하는 사람은 아무도 없었고, 중생을 위해, 불교를 위해 기꺼이 강경·설법하기로 발심한 법사님도 소수 몇 분만 계셨습니다. 오히려 상당히 큰 압력과 장애에 부딪쳐서 곳곳마다 장애와 고난이 있었다고 말할 수 있습니다. 더 이상 말로 표현할 수 없을 정도로 극심하였습니다. 다행히 한 관장님께서 불법을 호지하기로 발심하셨습니다. 그분에게는 지혜가 있었고 혜안이 있어 무엇이 불법이고 무엇이 정법인지 아셨고, 어떤 법문이 대승인지, 어떤 법문이 중생에게 진실한 이익의 은혜를 베풀어 줄 수 있는지 잘 아셨습니다. 그래서 불법을 호지하기로 발심하였습니다.

한 관장님은 현재 우리가 보는 부호이거나 대단히 부유한 거사와 달리 그분에게는 당초 돈이 없었습니다. 그러나 그분에게는 이러한 발심이 있었고 이치대로 여법하게 행하였기 때문에 천룡팔부 · 선신께서 저절로 호지하셨습니다. 화장도서관은 50평의 작은 방 한 칸에서 점차 확대되어 현재 변법계 · 허공계에 이르렀다고 말씀드릴 수 있습니다! 왜 「변법계 · 허공계」라고 말씀드리겠습니까? 매체를 이용하고 네트워크를 이용하여 매 가정 속으로 깊이 심어지고 매 공간에 깊이 심어지도록 방송을 통하여 경전을 강설하고 법을 홍양하므로 변법계 · 허공계라고 말씀드릴 수 있습니다. 그분께서 행하신 것은 진실한 공덕입니다. 대승불법을 호지한 공덕은 대단히 크고 불가사의합니다.

모두들 도량에 오셔서 불법을 호지하겠다고 발심하고 싶다면, 한 관장님으로부터 배우십시오. 맨 먼저 도량에서 정법을 말하고 있는지 살펴보십시오. 이것이 매우 중요합니다. 대승을 강설하든 소승을 강설하든 상관없습니다. 소승이라도 호지할 수 있습니다. 대승이라면 더 좋고 더 수승합니다! 부처님께서는 경전에서 찬탄하셨습니다.

세간법은 촛불과 같아서 방향이 바뀝니다. 촛불은 방향이 바뀌어져서 자신을 태워버릴 가능성이 있습니다. 소승법은 촛불과 같아서 깜빡이고 빛이 약해서 중생의 본성을 철저히 비출 수 없습니다. 대승불법은 크기가 찬란한 태양과 같아서 일체를 비출 수 있습니다. 비록 먹구름이 가려도 햇빛은 변함없이 비춥니다. 먹구름은 중생의 무명・번뇌나 갖가지 장애・고난을 비유한 것입니다. 대승불법은 햇빛과 같아서 먹구름을 뚫고 비출 수 있습니다. 대승불법은 태양과 같아서 만물을 비춤에 차별이 없으므로 중생에게 진실한 이익을 줄 수 있습니다.

단지 정법을 홍양할 수만 있다면 재가자이든 출가자이든 구별할 필요가 없습니다. 불제자라면 반드시 수희 찬탄하고 수희 호지하여야 합니다. 호지하는 방법은 매우 많아서 돈을 제공할 수도 있고, 노동력을 제공할 수도 있으며, 심지어 법어를 전 세계 동수 여러분에게 함께 나눌 수 있습니다. 이것은 모두 정법을 유포하고 호지하는 것입니다.

한 관장님께서 이렇게 대단하게 호법을 실천하신 모습을 뒤에 오는 학인들은 학습하고 본받아야 합니다. 요즘 사람들은 대부분은 시끌벅적하면 금상첨화라고 생각합니다. 도량이 크고 번화하여 여기서는 불보살께서 더 영험이 있을 것 같으면 참가하여 활동합니다. 조금 더 평안을 꾀할 수 있는지, 조금 더 이익을 얻어 집으로 돌아갈 수 있는지 살핍니다. 한 관장님께서 이런 것을 꾀하지 않으시고 진실한 마음으로 불법을 호지하셨습니다. 30여년 동안 중단 없이 정공법사님께서 경전을 널리 강설하시도록 호지하셨습니다.

우리들이 오늘날 강독하는 『무량수경』 회집본은 완전히 한 관장님께서 호지하신 덕분이라고 말씀드릴 수 있습니다. 후대의 학인은 근본을 잊지 않고서 불법과 경전이 변질되지 않도록 하며 계속해서 계승해나가야 합니다. 「**근원을 잊지 말자**(飮水思源)」 이 4글자를 알아야 합니다. 그리고 모두 「오늘날 왜 불법을 들을 수 있고 불법의 이익을 얻을 수 있는지, 그것은 어떤 요소 때문인지, 어떤 분의 발심 때문인지」 알아야 합니다.

후대의 학인은 한 세대 한 세대 이어가고 한 세대 한 세대 전승하여 불교의 정신이 변질되지 않고 정법이 장애를 받지 않도록 해야 합니다. 조사·대덕께서 정법을 눈을 지키듯이 생명을 아끼지 않고 호지하신 것은 뒤에 오는 학인들이 학습하여야 합니다. 진실로 말하면 모두들 그 당시 한 관장님께서 호지하신 어려움은 상상할 수 없습니다. 처하시는 경계마다 수많은 곤란이 있었습니다. 초기의 화장도서관은 온통 쓰레기 투성이었고, 떠돌이들이 사는 곳이었으며, 엘리베이터 안에는 오줌냄새가 진동했습니다. 그곳을 거점삼아 불법을 홍양하셨습니다. 한 관장님께서는 대단한 큰 결심과 끈기로 이를 해내셨습니다. 일반인은 결코 해낼 수 없는 것입니다. 우리들은 관장님의 이런 발심을 본받아야 합니다.

부록1

가정주부는

어떻게 일상생활에서 보살도를 닦을 것인가?

매일 같은 일을 하다보면 반드시 매우 싫은 느낌이 들 때가 있습니다. 특히 가정주부는 그러합니다. 마치 영원히 해탈하지 못할 것 같은 어느 하루처럼 수많은 사람들은 모두 고뇌를 느낍니다. 만약 생각을 전환해 가면 언젠가 지고의 즐거움을 얻게 될 것입니다. 범부의 생각에는 "나(我)"에 대한 집착이 있습니다. 나도 일하고 있는데. 나는 정말 힘들어요. 나는 왜 그들을 대신해서 일하고 있는지. 번뇌를 하면 할수록 많아집니다. 만약 보살도菩薩道를 배워서 중생을 두루 제도하겠다는 큰 서원을 발하면 생각하는 법과 보는 방법이 달라집니다.

보살도를 행하려면 첫째 "보시바라밀布施波羅蜜"을 닦아야 합니다. 주부 보살은 가정에서 가족을 위해 복무하는 것이 바로 보시바라밀

을 닦는 것입니다. 보시에는 의식주와 관련되는 물질적 보시(財施)와 올바른 진리를 가르쳐 주는 정신적 보시(法施)와 두려움과 불안을 없애주는 심리적 보시(無畏施)의 세 가지 보시가 있습니다. 바깥 재물(外財)은 바깥에서 돈을 벌어 가족의 생활에 공양하는 것입니다. 안 재물(內財)은 자신이 지닌 체력과 지혜를 사용해 가족을 위해 복무하는 것입니다. 가정주부는 집안일을 통해 이와 같은 세 가지 종류의 보시를 원만히 해냅니다.

가정주부가 집안일을 질서정연하고 맑고 깨끗하게 정리하여 가족들이 쾌적하게 생활하게 하고, 이웃 사람들이 부러워하도록 만드는 것이 "지계바라밀持戒波羅蜜"입니다. 지계持戒란 바로 법을 지키는 것(守法)입니다. 가정주부가 끈기 있게 일을 하고, 피곤해 하지도 싫증내지도 않게 일을 하면 곧 "인욕바라밀忍辱波羅蜜"입니다. 날마다 또 개선 발전시켜 나가고 내일이 오늘보다 더 좋아지리라 희망하는 것이 바로 "정진바라밀精進波羅蜜"입니다. 비록 날마다 수많은 집안일을 하더라도 마음 바탕이 청정하여 티끌 하나도 물들지 않으면 곧 "선정바라밀禪定波羅蜜"입니다. 청정심 가운데 항상 지혜를 내고 법희 충만하면 이것이 "반야바라밀般若波羅蜜"입니다.

그리하여 깨닫습니다. **원래 보살의 육바라밀은 바로 탁자를 닦고, 바닥을 쓸며, 옷을 빨고, 요리하는 등 집안일을 원만하게 성취하는 것입니다 이것이 바로 『화엄경』에서 선재동자善財童子가 몸으로 드러내 보인(表演) 보살행 공부이고 보살도 수행입니다.**

가정주부가 집안일을 잘 해내면 곧 세간에 존재하는 모든 주부의 본보기가 되고, 모든 가정의 본보기가 됩니다. 이를 통해 동네사람을 제도할 수 있고, 이를 더욱 전개시켜 나가면 바로 사회·국가·세계, 나아가 허공이 다하도록 두루 법계에 영향을 미칠 수 있습니다. 이래야 보살이 집에서 바닥을 쓸고, 탁자를 닦으며, 요리를 하고, 세탁을 하는 등 집안일이 원래 허공이 다하도록 법계에 두루 존재하는 일체중생을 제도하는 대원大願·대행大行임을 알 수 있습니다.

이것이 부처님 공부(學佛)이고, 정념正念이며, 제법실상諸法實相입니다. 만약 이와 같이 관할 수 있다면 법희 충만하니, 어떻게 번뇌가 일어날 수 있겠습니까! 불법의 수학은 반드시 실제생활에 귀속되어야 합니다. 실제생활에 귀속되지 못하면 쓸모가 없습니다.

부록2

정요십념법 精要十念法

정공淨空 법사

삼가 정공淨空 법사께서 선설하신 "간요필생십념법簡要必生十念法"을 정종淨宗의 학인들이 지금부터 자기 스스로 하는 수행(自修)과 다 같이 하는 수행(共修)의 일반적인 규칙으로 삼을 것을 제의합니다. 이에 대한 설명은 다음과 같습니다.

자기 스스로 하는 수행이란, 하루 동안 아홉 차례 부처님 명호(佛號)를 열 마디 소리 내어 염하는 법을 말합니다. 즉 아침에 일어나서 한 차례, 잠들기 전 한 차례, 세끼 공양 때 각각 한 차례씩, 그리고 오전 일을 시작할 때와 마칠 때, 오후 일을 시작할 때와 마칠 때 각각 한 차례씩 모두 아홉 차례입니다. 매 차례마다 넉자(四字) 혹은 육자六字 아미타불 명호를 열 마디 소리내어 부르는 것인데, 본래부터 해오던 일상의 정해진 수행일과와 목표량(定課)은 같게 행하면 됩니다.

함께 더불어 하는 수행이란, 경전을 강의하든, 법회를 열든, 대중공양을 하든 특별히 정해진 의규儀規가 아닌 대중 집회를 진행할 때, 그 시작 때에

십념법十念法을 행하는 것을 말합니다. 또한 대중과 함께 합장하고 한 목소리로 "나무아미타불"을 열 마디 소리 내어 부른 다음에 강연 · 법회 · 대중공양 등의 활동을 진행하는 것을 말합니다.

자기 스스로 하거나 다 같이 하는 십념법대로 수행하면 특별한 법익法益이 있는데, 아래와 같습니다.

1. 이 법은 간단하고 행하기가 쉬우며, 짧은 시간에 효과를 대단히 크게 거둘 수 있고, 확실하고 절실하여 오래도록 폭넓게 행할 수 있습니다.

2. 이는 "불법을 가정에 두루 활용하는(佛法家庭)" 구체적이고 효율적인 방법입니다. 예를 들어 가정에서 세끼 식사 때마다 이를 행하면, 이 법을 믿든 믿지 않던 가족 구성원 모두 빠짐없이 가피(攝持)를 입을 뿐만 아니라, 부처님의 교화(佛化)를 받은 친척 · 친구, 이웃사람들이 생기게 되어 사회에 널리 퍼지는 큰 이익이 있습니다.

3. 이 법은 간단하고 행하기가 쉬어서 하루 아홉 차례 행하기가 아침부터 저녁까지 종일토록 부처님의 기운이 끊어지지 않습니다. 하루 생활하는 가운데 부처님의 생각이 계속 이어져서 하루 또 하루 오래도록 이와 같이 염불을 계속할 수 있으면 수행인의 기질과 심성이 차츰차츰 청정해지고 신심과 법락法樂이 생겨나니, 그 복이 많아 다함이 없습니다.

4. 만약 인연에 수순하고 사이좋게 지내면서 부처님 명호를 열 마디 소리 내어 부른다면, 섞이고 물듬(雜染)을 제거할 수 있고, 생각을 맑고 깨끗하게 하며, 정신을 모아서 도를 닦는 데 전념할 수 있으며, 나아가 하는 일(所辦)마다 쉽게 성사되고, 만나는 환경(所遇)마다 좋은 징조가 있으며, 부처님의 가피를 입으며, 불가사의한 공덕이 있을 것입니다.

5. 스스로 하는 수행과 다 같이 하는 수행은 서로 도움을 주고 서로 융합하여 자량資糧을 모으니, 개인의 왕생극락도 손안에 있고, 공동으로 하는 보살대업도 다 함께 이루어집니다.

6. 이 법은 두 가지 법으로 이름할 수 있습니다.

1) 「정업가행십념법淨業加行十念法」으로 이미 정해진 일과를 행하고 있는 수행자들을 위한 것입니다. 본래부터 해오던 수행일과와 목표량(課業)에 더욱 분발하여 증진 수행(加行)하는 것이기 때문입니다.

2) 「간요필생십념법簡要必生十念法」으로 이 법은 지금 또는 앞으로 정업을 닦는 학인들 가운데 대부분 정해진 일과가 없는 사람들에게 알맞습니다. 오늘날 사회가 점차 변화함에 따라 매우 바빠 여유가 없으므로 법을 행하기에 걸림도 많고 어려움도 많기 때문입니다.

그러나 이 법은 자량資糧을 모으기가 쉽고, 믿음과 발원으로 그것을 행하기 때문에 쉽고 원만히 갖추어져 있습니다. 또한 "육근을 모두 거두어 들여 청정한 생각이 이어지게 한다(都攝六根 淨念相繼)"는 표준에도 아무런 흠이 없이 잘 부합한다고 할 수 있습니다.

이는 매번 염불하는 시간이 짧아 마음을 거두어들이기가 쉽고 나태해지지 않기 때문입니다. 또한 아홉 차례 염불로 공덕을 짓는 수행(功行)이 하루 종일 균형 있게 분포하여 관통하기 때문에 종일토록 몸과 마음이 부처님이 되지 않을 수 없습니다. 즉 하루종일 '생활을 염불화'하고, '염불을 생활화'하는 것입니다.

종합해 말하면, 이 법은 간단명료하고 행하기가 쉬우므로 막혀서 어려움을 겪는 고통이 전혀 없습니다. 만약 이와 같은 법이 크게 행해진다면 정업의 학인들에게도 다행한 일입니다! 미래 중생들에게도 다행한 일입니다! 모든 부처님께서도 기뻐하십니다.

나무아미타불

1994년 제불환희일諸佛歡喜日

미국 정종학회 사부대중 동륜同倫께서

공경히 권청함.

부록3

육화경 승단 六和敬 僧團

정공淨空 법사

육화경 수행 기도문 修六和敬 祈禱文

저희 사부대중 제자들은 일심으로 극락세계에 계시는 아미타부처님, 관세음보살, 대세지보살, 청정대해중 보살마하살 및 시방삼세 일체 삼보님께 귀의합니다. 때가 말법에 이르러서 다툼과 논쟁이 치열하고 재해와 역병이 도처에서 발생합니다.

저희 사부대중 제자들은 육화경六和敬을 학습하고자 떨쳐 일어나오니, 기꺼이 자신을 제도하고 이를 통해 타인을 제도하여 이 세상 사람들을 구제 하겠습니다. 비록 보리심을 발하였으나, 이 일은 삼보의 위신력 가피와 선조의 음덕이 없다면 어찌 성취하겠습니까?

저희 사부대중 제자들은 죄업이 깊고 무거워 선정과 지혜를 미처 닦지 못하고, 정법正法을 비록 들었다하나 아직 실천하지 못하였기에 이제 부처님의 교법敎法에 의지하여 발원하오니, 삼가 불보살님께 가피를 구합니다.

맹세코 저희들은 자기 자신부터 육화경六和敬을 닦겠나이다.

첫째, 견해로 화합하여 함께 이해하겠나이다.
둘째, 계행으로 화합하여 함께 닦겠나이다.
셋째, 몸으로 화합하여 함께 살겠나이다.
넷째, 입으로 화합하여 다투지 않겠나이다.
다섯째, 뜻으로 화합하여 함께 기뻐하겠나이다.
여섯째, 이익으로 화합하여 함께 나누겠나이다.

삼가 경전의 가르침을 좇아 자성自性이 청정 원만하고 밝은 법체를 조금이나마 알아서, 두루 법계法界의 의보·정보(依正)를 장엄하겠습니다. 법계의 의보·정보 전체는 하나의 생명공동체입니다. 일체만법은 각자 떨어져 있는 것이 아니라 일체이고 하나입니다. 따라서 부처님께서는 **"일체 중생은 본래 부처이니, 견해로 화합하며 함께 이해하라"** 이르셨나이다.

저희들은 오늘부터 목숨이 다할 때까지 『제자규』·『감응편』·『십선업도』를 성실히 실천하겠나이다. 매일매일 반성하고, 매일매일 저희들의 잘못을 고치겠나이다. 반드시 인연에 수순하여 묘용妙用에 걸림이 없고, 위의威儀에는 법도가 있으며, 부드럽고 온화하며 질박하고 곧으며, 중생을 대신하여 고통을 받는 네 가지 덕(四德)에 의지해 행하겠나이다. 바로 육도六度와 사섭四攝, 삼복三福 그리고 보현십원十願을 봉행하겠나이다.

육조단경에 이르길, "만약 진정으로 도를 닦는 사람은 세간의 허물을 보지 아니한다." 하였나이다. 저희들이 육화경의 도를 수행하기로 발심하였나니, 반드시 자신의 신업으로 화해하고, 구업으로 화해하며, 의업으로 화해하겠나이다. 오르지 진정으로 정성을 다해 다른 사람과 화해하도록 힘쓸 뿐, 절대로 다른 사람에게 화해를 요구하지 않겠나이다. 저희들이 일체 생활을 꾸려나가는 도구를 원컨대 대중과 함께 누리게 하소서. 『무량수경無量壽經』에 의지하여 아미타 부처님의 거룩한 명호를 일향으로 전념하여 서방극락세계에 왕생하길 구하겠나이다. 오직 저희들 자신이 진정으로 실천하여 일체 인연 있는 중생을 감화시키겠나이다. 인광대사께서 말씀하신 바와 같이, **일체 사람은 모두 불보살이고 오직 나 한사람만이 실로 범부**라고 여기겠나이다.

저희들은 이처럼 말한대로 수행하고 공양하여 지극한 정성으로 기도하여 세계의 일체 재난을 없애어서 중생을 두루 이롭게 하길 원합니다. 시방삼세 일체 삼보님과 위태보살님, 세상을 호념하는 사대천왕 및 천룡을 삼가 우러러 받드오니, 호법하고 증명하며 섭수하여 주옵소서. 저희들로 하여금 육화경의 행을 실천하는 행자의 일원이 되게 하여 주옵소서. 저희들로 하여금 암흑 같은 업을 영원히 제거하고, 선법善法을 날로 증장하게 하며, 선한 벗들과 함께 어려움을 이겨내어 청정하고 원만하게 성취하게 하옵소서.

지극정성으로 정례頂禮하여 두루 조아리나이다.

육화경 승단 결성문

1. 결성의 연기(緣起)

경전에 이르시길, "무릇 한 지역에 육화경승단六和敬 僧團이 세상에 출현하면 반드시 제불諸佛의 호념護念과 용·천신의 옹호를 얻어 저절로 그 지역은 복과 비호를 받고 재난이 해결되리라."라고 하였나이다.

현재 사회가 어수선하고 재난이 빈번히 발생하여 고통이 심히 이루 말하기 어렵습니다. 그러므로 저희 육화경 승단은 전심전력을 다해 어진 이와 뜻있는 사람들에게 떨쳐 일어나길 호소합니다. 이 땅에 사는 모든 사람들의 마음을 하나로 모아 재난을 해결하고, 힘써 육화경을 닦아 자기 자신을 구제하고 나아가 세상을 구제하여 나와 남을 모두 이롭게 한다면 그 공덕이 무량할 것입니다.

2. 육화경 승단의 수학목표(원리)

1) 좋은 마음을 간직하고, 좋은 말을 하며, 좋은 일을 행동에 옮기고, 좋은 사람이 되는 '네 가지 좋음'을 실천하여 자신을 성취하고, 온갖 행을 장엄하며, 타인의 본보기가 됩시다.

현재 이 세간에는 재난이 많아 이를 피하려고 하는 사람들은 많지만, 이 세상에서 살아가는 한 안전한 지역은 결코 없습니다. 안전을 보장받는 유일한 방법은 수행을 통하여 자신의 정신세계(境界)를 향상시키는 것입니다.

2) 화엄 53인의 선우善友를 본받아 사회생활·가정·직장에서 모범된 사람이 될 것을 서원합시다.

『화엄경華嚴經』말미에 선재동자가 53인을 친견하는데, 이 53인의 선지식은 현실 사회에서 만나는 남녀노소, 선인과 악인, 순경과 역경을 가리킵니다.

공자께서 말씀하시길, "세 사람이 가면 반드시 나의 스승이 있다."고 하셨습니다. 세 사람은 선인·악인·자신을 가리킵니다. 착한 사람을 만나면 그의 장점을 배우고, 나쁜 사람을 만나면 자신을 돌아보고 반성할 점이 있다면 이를 고칠 것입니다.

깨달음에 이르는 길에는 오직 나 개인만이 홀로 있을 뿐입니다. 다른 사람들은 모두 스승이거나 선한 벗이 되어 어떤 사람은 나를 직접적으로 가르치고 어떤 사람은 나를 간접적으로 가르쳐서, 영원히 은혜에 감사하는 세계에서 생활하며 자기의 도업道業을 성취하고 동시에 더불어 중생을 널리 이롭게 합니다.

3) 각각의 민족·종교·문화와 화목하고, 서로의 차이를 존중하며, 협동하고 공존공영을 이룩합니다. 사회를 안정시키고 덕을 숭상하며, 어진 마음을 일으켜 서로 돕고 힘을 합쳐 일합니다. 모든 사람들이 부와 쾌락, 이익과 행복, 아름다움을 평등하게 나누고 충만하게 채워서, 영구평화의 세계로 나아가도록 서로 권유하고 격려합시다.

우리들의 자성(自性 ; 본성)은 잘 어울리고, 자성이 변해 온갖 일과 온갖 사물이 나타나도 이와 잘 어울릴 수 있지만, 단지 자성을 미혹하고 잃어버리면 이와 잘 어울리지 못하고 잘못 생각할 따름입니다. 어떻게 사람들이 잘 어울리는 화해세계를 회복할 수 있겠습니까? 오직 자신의 마음으로부터 시작하는 길 밖에 없습니다.

4) 인과因果를 깊이 믿고, 믿음과 발원으로 염불하며, 정토에 왕생하길 구하여, 극락정토의 모든 상선인上善人과 함께 아미타 부처님의 일승원해(一乘願海 ; 모든 중생이 다 함께 성불하는 아미타부처님 48대원으로 세워진 본원의 바다)에 동참합시다.

그렇다면 어떻게 육화경을 성취하여야 할까요? 최고의 육화경은 우리들이 본래 부처이고, 여러분도 모두 부처임을 믿어서 하나가 된다면, 그것이 하나의 진실한 청정清淨·평등平等·각覺이며, 이것이야말로 진정으로 구경원만한 육화경입니다.

3. 육화경 승단의 수학방법(실제)

육화경은 승단의 기본요건을 이룹니다. 승僧은 청정, 화목하고자 하는 의사표현입니다. 하나의 단체는 서로 몸과 마음이 청정하고 화목이 공존하며, 재가와 출가를 나누지 않고 남녀노소를 나누지 않으며 어떠한 행업도 나누지 않아, 네 사람이 함께 이러한 방법에 비추어 닦으면 승단이라 부릅니다. 만약 가정에서 육화경을 실행에 옮기면 가정이 곧 승단이 됩니다.

삼귀의三歸依에서 "사람들의 무리 가운데 존귀한 승가에 귀의합니다."라고 말하는 것은 승단은 화목하고 다툼과 집착이 없기 때문에 모든 단체 중에서 사람들로부터 최고로 존경받을 만한 가치가 있음을 가리킵니다. 그래서 단체 가운데 사람들마다 만약 모두 다 육화경을 준수할 수 있다면 이 단체는 사람들로부터 최고로 존경을 받을 만한 가치가 있습니다.

4. 육화경의 내용과 수학방법

4-1 생각을 화합하여 함께 이해한다(견화동해見和同解)

의견이 충돌하면 어떻게 해결해야 할까요? 자기의 생각을 놓아버리고 중생과 더불어 공동인식을 세우면 화목하게 되므로 육화경에서 가장 중요한 것이 견화동해입니다.

수학강요는 이러합니다.

1) 수학기초 : 『감응편感應篇』·『제자규弟子規』·『십선업도十善業道』를 실행에 옮긴다. 학學을 사람의 스승으로 삼고, 행行을 세상의 모범으로 삼는다.

『감응편』·『제자규』·『십선업도』는 유교·불교·도교 성현의 교육적 수학의 근본으로 이 세 가지 근본을 실행에 옮겨야 능히 인과를 깊이 밝히고 윤리를 받들어 행하며 도덕에 따라 순응할 수 있으므로 이것이야말로 진정으로 「학을 사람의 스승으로 삼고, 행을 세상의 모범으로 삼는 것」입니다.

2) 수학방식 : 한권 무량수경, 한마디 아미타불 성호

어떻게 자기의 생각을 놓아버리고 공동인식을 달성할까요? 미혹하여 깨닫지 못할 때에는 우리들은 부처님과 스승의 참다운 가르침에 따라 주로 같은 경전과 같은 가르침을 주로 닦다 보면 우리들의 사상 견해는 자연히 화합됩니다.

3) 수학방향 : 일문에 깊이 들어가, 긴 시간 몸에 배게 닦는다.

「일문에 깊이 들어감」은 정定을 닦아서 능히 번뇌를 끊는 것이고,

「오랜 시간 몸에 배게 닦음」이란 정定에 의지하여 지혜를 개발하는 것이며, 지혜를 개발한 후 다른 법문을 다시 섭렵하는 것이 훨씬 쉽습니다. 소위 한 가지 경전에 통하고 일체의 경전을 통하는 방법으로 이것이 세상에 나가 세상의 법을 수학하는 비결입니다.

4) 수학목표 : 일생에 원만한 보리를 성취한다.

정토법문은 지금 살아있는 이번 생에 불법을 성취하는 것입니다. 우리들은 이 일생에 서방극락세계를 태어나길 발원하고 서방극락세계에 이르러 이 일생에 원만한 보리를 성취하는 것입니다. 그것은 세존께서 출현하여 세간에 계시며 중생을 교화하신 본회本懷이고, 역대 조사 대덕들이우리들에게 가진 유일한 기대입니다. 우리들이 이 법문을 선택하여 지금 살아있는 이번 생에 불법을 성취하기를 희망하고 계십니다.

5) 수학사명 : 석가모니 부처님의 정법이 오래 머물러 고난 중생을 구제한다.

'오늘'은 내가 맞는 일생에서 최후의 하늘이라고 이와 같이 항상 생각한다면 왜 간파하지 못하고 내려놓지 못하겠습니까! 석가여래의 정법이 오래 머물러 일체의 고난 중생을 구제하길 마음을 일으키고 생각을 하되, 자기를 생각하지 마십시오. 무아無我를 성취하여야, 능히 생각을 틀어쥐고 내려놓을 수 있고, 그래야 능히 수희공덕을 닦을 수 있으며, 그래야 항상 중생에 수순하여 닦을 수 있으니, 이와 같이 하여야 육화경을 성취할 수 있습니다.

2. 계행으로 화합하여 함께 닦는다(계화동수戒和同修)

「계戒」는 의義이고, 의는 도리이며, 모두 같이 생활하며 마음을 일으키고 생각을 움직여서, 언어구사가 정情에 합하고 이치理에 합하며 법에 합하는 단체라야 질서가 있고 문란하지 않습니다. 사람마다 모두 예를 지키고 법法을 지키며 세계가 화해를 이루게 됩니다.

수학강요는 이러합니다.

1) 『감응편』·『제자규』·『십선업도』(출가승가의 경우 『사미율의』)를 준칙으로 삼아, 때때로 자신을 저울에 달고, 반성 참회하며, 허물을 고치되, 세간의 일체 허물을 보지 않는다.

"만약 진정으로 도를 닦는 사람은 세간의 허물을 보지 않는다."고 말씀하셨습니다. 육화경 승단은 『감응편』·『제자규』·『십선업도』(출가승가의경우『사미율의』)를 계율로 삼아 사람마다 그것에 의존하여 자신을 저울에 달고 반성참회하며, 허물을 고치고, 단시 자신에게 규칙을 지킬 것을 요구하고 다른 사람에게 요구하지 말며, 사람마다 자율적으로 나란히 타인을 포용한다면 이 단체는 당연히 화합합니다.

2) 하루 매일 무량수경(또는 아미타경)을 독송·수지함으로써 아미타불 성호를 일과로 삼고 오랜 시간 몸에 배게 닦아, 의심하지 말고 뒤섞지 말고 중단하지 않으며, 오롯이 뜻을 모아 허공법계 고난 중생에게 회향하여 극락세계에 왕생하길 발원하고 아미타불을 가

까이 모신다.

불교에서 우리들을 자성을 회복하는 방법으로 인도하는 것이 계정혜 삼학三學입니다. 삼학 가운데 혜慧는 자성이니, 이는 따로 구할 필요가 없습니다. 가장 중요한 것은 정定을 지님이니 정은 능히 지혜를 생합니다. 정에 이르는 수단은 계戒이니, 이른바 '계에 의지하여 정을 얻고, 정에 의지하여 혜를 개발합니다.' 매일 무량수경 혹은 아미타경과 아미타불 명호를 독송·수지하고 오랜 시간 몸에 배게 닦으면 계정혜가 일차로 완성되고, 이와 같아야 일생에 능히 구경원만한 보리를 성취할 수 있습니다.

3. 몸으로 화합하여 함께 산다(신화동주身和同住)

우리들은 공동체 대중과 함께 살아가고, 가족과 함께 살아갑니다. 모두 부처님의 참된 가르침을 듣고, 부처님의 교훈과 행지(行持)에 의존하며, 모든 대중의 행복과 아름다움을 매순간 생각하여 충만하게 드러내는 것이 곧 화목입니다. 이것이 '몸으로 함께 사는 것'입니다.

수학강요는 이러합니다.

1) 신업을 잘 보호하고, 율의를 잃지 않는다.

율의律儀는 일상적인 표현으로 외모 예절입니다. 대중과 함께 예절규

칙에 부합하며 사이좋게 지내고, 중생에게 하나의 좋은 본보기를 만들어주는 것이 「신업을 잘 보호하고 율의를 잃지 않겠다」는 뜻입니다. 육화경 승단이 유교·불교·도교의 삼근三根으로 율의를 삼아 이 삼근을 참되게 해내면 율의를 잃지 않게 됩니다.

2) 살생하지 말고, 도둑질하지 말며, 삿된 음행을 하지 말라.

신체 조작이 신업을 이루니, 부처는 우리들에게 세 가지 중요한 원칙을 제시하셨으니, 불살생不殺生·불투도不偷盜·불사음不邪淫으로 이것이 정업(正業)입니다.

가. 살생하지 말라(不殺生)

일체 중생에게 해를 입히지 않고 살해하지 않는 것에 그치는 것이 아니라 중생으로 하여금 번뇌를 일으키게 하는 것도 모두 우리들의 잘못입니다. 보살이 머무는 장소는 능히 일체중생으로 하여금 환희심을 내게 합니다.

나. 도둑질을 하지 말라(不偷盜)

도둑질하지 말라는 정확한 의미는 남이 주지 않는 것을 갖지 않는 것으로 그것의 범위는 매우 광범위하여 일체 주인이 있는 재물이나 아직 동의를 얻지 못하였다면 도적질이라고 불립니다. 혹은 무릇 주인이 있는 일체의 사람과 사물의 이득을 차지하려는 생각만 가져도 훔치는 마음에 속합니다.

다. 삿된 음행을 하지 말라(不邪淫)

결혼한 부부는 도의적으로 결합하였으므로 부부간에는 반드시 예를 지키고 법을 지켜야 합니다. 정情이 있고 의義가 있어야 감사(恩)가 있고 덕德이 있습니다. 불사음不邪淫은 일체중생에 대하여 추호의 분수에 맞지 않는 생각도 가져서는 안 된다는 뜻으로 폭넓게 해석되기도 합니다.

능히 불살생·불투도·불사음을 성취할 수 있다면,이것이 몸의 청정이고최고로 건강한 생활입니다.

3) 범사에 겸손하고, 좋은 일은 타인에게 돌리며, 나쁜 일은 자기에게 돌린다.

우리들은 중생과 함께 살아가므로 겸손할 수 있어야하고 손해를 보더라도 수긍할 줄 알아야합니다. 능히 겸손하면 높고 낮음이 없고, 선후가 없으며, 경쟁이 없습니다. 손해를 보더라도 수긍하면 다툼거리가 없으니 이와 같다면 사람마다 자연히 화목하며 함께 살 수 있습니다.

4. 입으로 화합하여 다툼이 없다(구화무쟁口和無諍)

일체중생의 모든 오해와 원수짐은 십중팔구는 모두 언어가 지은바입니다. 말이 많으면 반드시 잃습니다. 옛 성현께서는 "한마디 말을 적게 말하고 한마디 부처를 많이 염하라." 하셨습니다. 마땅히 우리들은 생각하고 말해야겠지만, 이러한 말들이 입주위에 맴돌다가 아미타불로 바뀐다면 좋은 일이니, 이것만큼 미묘한 것이 있겠습니까? 진정으로 구화무쟁을 이룬다면 아침부터 밤까지 만나는 사람 모두 기뻐하며 아미타불을 염할 것입니다. 남들이 우리에게 무슨 말을 말하던지 상관 말고 마음속으로 모두 아미타불하면 마음이 평온하여 기가 잘 통합니다.

수학강요는 이러합니다.

1) 구업을 잘 간수하고, 타인의 허물을 나무라지 않는다.

일체 중생이 범하기 가장 쉬운 것이 구업口業입니다. 입은 '화복의 문'이라 말합니다. 구업을 잘 간수하는 방법은 다른 사람들을 업신여기지 말며, 다른 사람들의 잘못을 말하지 말아야 합니다.

혜능 대사께서는 "만약 진정으로 도를 닦는 사람은 세간의 허물이 보이지 않는다."라고 말씀하셨습니다. 왜 그럴까요? 나와 남은 둘이 아니고 성상性相이 일여一如한데 다른 사람에게 잘못이 있겠습니까? 잘못이 자신에게 있다면 자신의 잘못으로 다른 사람의 잘못이 눈에 보입니다. 자신에게 잘못이 없다면 어떻게 다른 사람의 잘못이 눈에 보이겠습니까? 다른 사람에게 잘못이 있다 해도 그것은 찰나에 생멸하여 얻을 수 없고, 동시에 생하지도 멸하지도 않습니다. 일체법이 생하지도 멸하지도 않나니, 어디에 잘못이 있겠습니까? 다른 사람의 잘못이 눈에 보이면 자신의 잘못을 볼 수 있습니다. 그러므로 모든 불보살님은 언제나 시비가 보이지 않나니, 우리들은 깊이깊이 반성하여야 합니다.

2) 이간질하는 말을 말고, 거친 말을 말며, 거짓말을 말고, 현혹시키는 말을 말라.

십선업 가운데 입으로 하는 네 가지 선은 거짓말을 하지 말라·이간질하는 말을 하지 말라·거친 말을 하지 말라·현혹시키는 말을 하지 말라 입니다.

가. 거짓말을 하지 말라

이것은 다른 사람을 기만하지 않는 것입니다. "성현의 도는 거짓말하지 않는 것이 첫걸음이다." 하였습니다. 아직도 거짓말을 하고 있다면 진심이 어떻게 드러날 수 있겠습니까? 어떻게 거짓말을 하지 않을 수 있겠습니까? 매일 반성하고 허물을 고쳐야 합니다. 잘못이 매우 큰 경우 불교에서는 "스스로 죄상을 드러내어 참회하고 용서를 구하라"고 가르칩니다. 절대로 자신의 잘못을 숨기지 마십시오. 다른 사람에게 자신의 잘못을 말할 수 있고 기쁜 마음으로 말한다면 말 한 후에 다시는 거짓말을 할 수 없습니다. 유교에서는 "잘못을 두 번 되풀이 하지 말라"고 가르칩니다. 잘못을 한번은 할 수 있으나 반복해서는 안 됩니다. 그래서 "잘못을 했지만 고칠 수 있다면, 이보다 더 좋은 일은 없을 것이다."고 말합니다.

나. 이간질하는 말을 하지 말라

이간질은 시비를 일으키는 것입니다. 잘못은 이간질하는 이러한 사상(事相) 및 그 영향에 따라 커집니다. 작은 이간질은 두 사람을 이간질하여 서로 뜻이 맞지 않게 하는 경우이고, 큰 이간질은 두 국가 간에 시비 붙여서 서로 맞지 않게 하여 전쟁을 일으키는 경우입니다. 그리고 더 엄중한 것은 승단을 파괴하고 교학敎學을 파괴하는 것입니다. 학생들에게 스승을 신임하지 않도록 이간질하고, 스승은 학생들에 대하여 의심을 갖도록 한다면 이러한 죄과는 두 국가를 이간질하여 전쟁을 일으키는 것만큼이나 매우 무겁습니다.

다. 거친 말을 하지 말라

거친 말은 막말을 퍼붓고 듣기에 불편한 말을 하는 것입니다.

라. 현혹시키는 말을 하지 말라

현혹시키는 말이란 감언이설로 다른 사람을 기만하는 것입니다. 현재 유행하는 춤과 영화는 대부분 현혹시키는 말들로 모두 살생, 도둑질,음 란, 거짓말을 행하도록 사람을 유혹합니다. 이는 인과의 책임을 져야 합니다.

만약 거짓말을 하지 않고 이간질하지 않으며 현혹시키는 말을 하지 않는다면 그대가 하는 말씨는 안정됩니다. 안安이란 부드럽다는 뜻이고 정定이란 긍정적이다는 뜻입니다. 더 나아가 사회 안정과 세계평화에 도달할 수 있습니다.

5. 뜻으로 화합하여 함께 기뻐한다(의화동열意和同悅)

의화동열은 모두 더불어 공존하면 모두 기뻐할 수 있다는 뜻입니다. 환희공존은 평화공존보다 더 깊은 무언가가 필요합니다. 어떻게 환희 공존할 수 있을까요? 개인마다 수학하고 상응하여 여법하면, 반드시 법희로 충만해지고 생활이 즐거워지며, 이때 진정으로 이른 바 「괴로움을 여의고 즐거움을 얻습니다(離苦得樂).」

수학강요는 이러합니다.

1) 의업을 잘 간수하고 청정하여 물들지 않는다.

삼업가운데 의업意業을 주인으로 삼습니다. 뜻이 청정하면 몸과 말은 자연 청정해집니다. 뜻이 선하면 마음도 선하고, 말에 선하지 않은 것이 없으면 행에도 선하지 않은 것이 없습니다. 그래서 수행에 있어 뜻을 중심으로 삼으면 몸과 말은 부수적으로 따라 옵니다. 몸을 닦고 어업語業을 닦음은 마음닦음을 충분히 도울 수 있습니다. 마음바탕이 진정으로 청정평등에 도달하면 신업身業과 어업語業은 저절로 불보살과 같이 청정자재해집니다.

2) 계율은 탐진치·교만·의심·질투·투쟁 등등의 갖가지 심행을 제거한다.

뜻이 악한 것은 흔히 볼 수 있는 탐진치·교만·의심·질투·투쟁 등 갖가지 심행(心行)이 있기 때문입니다. 그래서 이런 그릇된 관념·사상을 바로잡게 되면 마음이 바르게 되고, 언어와 몸가짐도 자연히 모두 바르게 됩니다.

3) 어진 이에게는 적이 없다. 대립·분별·집착을 내려놓아라.

「어진 이에게는 적이 없다(仁者無敵)」고 합니다. 인仁은 두 사람을 나타냅니다. 이것은 매순간 다른 사람을 충분히 생각함을 가리키고, 이러한 개인은 인仁한 사람이 됩니다. 그러나 적은 대립입니다. 어떤 인자한 사람이 매순간 다른 사람을 생각하고 자기를 생각하지 않으면 남과 대립하지 않으므로 다른 사람의 마음도 청정해집니다.

만약 여전히 분별하고 여전히 집착하며 여전히 대립한다면 이 사람은 인하지 않습니다. 인하지 않다면 자비심이 없습니다. 인한 자는 대자대비하여, 어떤 사람과도 적대하지 않습니다.

6. 이익으로 화합하여 함께 분배한다(利和同均)

「이화동균利和同均」은 가장 중요한 항목입니다. 이익이야 말로 개인의 복보福報를 가리키고, 복보가 있으면 일체 대중과 공동으로 향유합니다. 자기 스스로 땀을 흘리고 바라는 것이 없어야만 마음이 청정하고 부처와 더불어 상응할 수 있습니다.

수학강요는 이러합니다.

1) 경전을 강설하고 학문을 가르치며 모든 공양을 귀속하여 상주시킨다.

진정으로 깨달음에 이른 사람은 헌신만이 있고 바라는 것이 없어야만 마음이 더욱 청정하고 더욱 자재합니다! 진정으로 이렇게 할 수 있다면 복보福報가 시간이 갈수록 커집니다. 왜 그럴까요? 자성自性이 본래 갖추고 있는 덕이 현전할 수 있고, 자성 안의 장애가 깨끗하게 제거됩니다.

2) 모든 조직 단체 회원은 서로 존중 경애하고, 서로 도우며, 힘을 합쳐 일한다.

불교에서는 무연대비無緣大慈와 동체대비同體大悲를 이야기합니다. 동체대비는 하나의 생명공동체입니다. 이른바 존중尊重·경애敬愛·신임信任은 아무런 조건도, 이유도 없어 무연無緣이라 합니다. 조건을 말하고 원인을 말하면 하나 되지 않고, 맞지 않게 됩니다.

3) 담박하여 사리사욕이나 명예와 이익, 오욕과 육진六塵, 탐진치와 교만을 좇지 말라.

매순간 일체중생을 이롭게 하고, 매순간 부처의 참된 가르침을 빛내고 발전시킵니다. 우주만물과 중생은 나와 일체이고 본래의 자성은 원만하고 화해和諧로운 것입니다. 우리들은 오늘 사람을 대하고 사물에 접하여 일을 처리함에 반드시 성덕性德에 상응하여야 하며, 진정으로 다른 사람을 존중하고 다른 사람을 경애하며, 다른 사람을 배려하고 다른 사람을 고려하며, 다른 사람을 돕는 것을 배우고 익혀야 합니다. 이것이 남과 화해하고, 일체중생과 화해하며, 천지만물과 화해하는 것이니, 너무나 훌륭합니다!

육화경의 실천

무릇 육화경 승단을 기원하고 실행에 옮기는 자는 오직 참된 정성(眞誠)으로 발원하여, 참되고 성실하게 힘써 행하면(노실老實·청화聽話·진간眞幹) 바야흐로 실익을 획득할 수 있습니다.

육화경수행 승단 매일 기도일과

재가자와 출가자 남녀노소를 막론하고 어떠한 행업行業도 분담하지 말고 육화경六和敬을 가정에서 실천에 옮기시고, 모든 개개의 단체마다 실천에 옮기십시오.

미국작가 그렉 브레이든(Gregg Braden)이 자신의 베스트셀러《The Isaiah Effect(말세예언의 해독)』에서 연구 발표한 것에 따르면 만약 8,000명의 사람이 합심하여 세계평화를 위해 기도한다면 전 세계가 변화할 수 있다고 합니다.

이런 까닭에 정토염불행자는 나의 심행心行에서부터 시작하여 발심하고, 매일 정해진 기도일과(定課)를 꾸준히 지속하며, 그 기도한 공덕을 회향하여 재난과 충돌을 화해시키고 전 지구의 고통받는 중생을 구제해야 합니다.

1. 『불설대승무량수장엄청정평등각경』(무량수경 선본) 또는 아미타경 1권을 공손한 마음으로 독송합니다.

2. 108배 또는 300배 예불합니다.

3. 일향으로 한결같이 나무아미타불 혹은 아미타불 성호를 3,000번 염불합니다.

4. 매일밤 9:30분 지극한 성심으로 기도문을 삼가 읽습니다. (현지시간을 표준으로 삼는다)

5. 매일 자신의 신구의 삼업을 관조하여서, 공덕·죄과 기록표를 기입합니다.

6. 언제 어디서나 힘껏 육화경을 닦습니다.

부록4

정종학회淨宗學會 소개

1. 정종학회의 연기

중국은 예부터 염불을 함께 닦는 도량을 모두 연사蓮社라고 불렀습니다. 현대인들은 사찰을 보면 모두 종교로 간주하고, 모두 미신이라 여깁니다. 이는 매우 큰 오해를 낳습니다. 2차 세계대전 후 하련거 노거사께서는 「정종학회淨宗學會」를 제창하셨습니다. 이것은 염불도량의 현대화된 명칭으로 그 목적은 바로 사회대중이 불교에 대해 미신이라는 관념을 제거하길 희망하는 것입니다.

하련거 노거사께서 창도倡導하신 「정종학회淨宗學會」는 정토를 전수專修 전홍專弘하는 조직입니다. 정공 노법사께서는 정종의 소의종지가 확실히 시방삼세 일체제불께서 성불하시는 제일법문임을 깊이 아셨습니다. 이로써 근 10여 년간 대만, 홍콩, 싱가포르, 말레이시아, 미국, 캐나다, 호주 등에서 온 힘을 다해 정종을 선양하셨습니다. 세계 곳곳을 다니며 강연을 하시며 대중에게 정종학회를 세울 것을 권하셨습니다.

현재 전 세계에는 대략 1, 2백 개의 정종학회가 있습니다. 각 정종학회는 인사, 행정, 재무는 각자 독립되어 있고, 예속관계가 없지만 홍법과 중생을 이롭게 하는 활동이면 서로 지원하고 있습니다. 또한 수학방법 및 종지는 모두 하나로 일치하여 모두『정토오경일론淨土五經一論』을 소의경전으로 하고 있습니다.

정공 노법사님께서 온 힘을 다해 제창하시고 실제 수학 생활 속에서 실천하시는 모범을 통하여 비로소 진정으로 하련거 거사의 이상이 현실화되었습니다. 노법사께서 이 하나의 조직을 지구 각지까지 보편적으로 설립하길 깊이 바라시고 계십니다. 원컨대 모든 대선지식들께서 모두 정법을 널리 펴서 중생들로 하여금 두루 함께 극락연화세계로 돌아갈 수 있길 바랍니다.

2. 정종학회의 신信 · 해解 · 행行 · 증證

하나, 만법이 정토로 귀일함을 믿으라!

부처님의 교학은 선교방편으로 중생의 근기에 따라 병에 맞게 약을 베푸셨습니다. 부처님께서는『대집경大集經』에서 우리들에게 "정법시기에는 계율로 성취한다" 하셨습니다. 부처님께서 멸도하신 후 첫 번째 1천년, 이 시기에는 교법에 의지하여 수행하여 계를 수지하면 과를 증득할 수 있었습니다. "상법시기에는 선정으로 성취한다" 하셨습니다. 부처님께서 멸도하신 후 두 번째 1천년, 이 시기에는 비록 교법이 있을지라도 계율에 의지하여 과를 증득할 수 없고 선정을 닦아야 합니다. "말법시기에는 정토로 성취한다" 하셨습니다. 말법 1만년, 이 시기의 중생들은 근기가 점차 낮아지고 게다가 바깥에 유혹이 많고 안에 번뇌가 많아서 수행하여 과를 증득하고 싶어도 갈수록 곤란해집니다. 부처님께서 자비로 말법시기의 우리들을 위해 정토의 한 줄기 밝은 길, "만 사람이 닦아서 만 사람이 가는" 고향으로 돌아가는 길을 가리키셨습니다.

석가모니부처님께서는 49년 동안 설법하시어 3백여 회 경전을 강설하셨는데, 거의 매 회마다 모두 정종의 수승함을 언급하셨습니다. 부처님께서 말씀하신 일체 경은 최후에는 『화엄경華嚴經』으로 모여 돌아가고, 『화엄경』 말미에는 곧 보현보살 대원왕이 극락으로 인도해 돌아가므로 극락세계가 수행의 가장 원만하고 가장 구경의 귀의처이고 정토법문이 전체 『대장경大藏經』의 귀결점임을 알 수 있습니다.

「정토종淨土宗」은 아미타 부처님의 정토법문을 오르지 닦아 극락세계에 왕생하기 때문에 이름붙인 것이고, 그 시조이신 혜원慧遠대사께서 일찍이 여산廬山에 연사蓮社를 건립하여 정토에 왕생할 것을 제창하신 까닭에 또 연종蓮宗이라고 부릅니다. 실질적인 창립자는 당나라 시대 선도善導대사이십니다. 역대조사께서 전후로 법통을 전승함이 없이 모두 후인이 정토를 홍양하신 공헌에 의거해 추대해 왔습니다. 근대의 인광대사께서 선술하신 『연종12조찬蓮宗十二祖贊』에 따르면 혜원慧遠대사 · 선도善導대사 · 승원承遠대사 · 법조法照대사 · 소강少康대사 · 연수延壽대사 · 성상省常대사 · 주굉袾宏대사 · 지욱智旭 대사 · 행책行策대사 · 실현實賢대사 · 제성際醒대사를 연종의 12조사로 삼았습니다. 후에 인광대사께서도 그 문하로부터 제13대 조사로 추대받았습니다.

둘, 가르침은 정토오경일론에 의지하라!

(1) 어떤 경전을 선택하여 수학할 것인가?

수학修學의 뛰어난 점은 바로 「일문에 깊이 들어감」입니다. 어떠한 사람이 수행을 성취할 수 있습니까? 목숨을 걸고 닦는 사람입니다. 해문解門은 전일하게 경전 하나에 마음을 정합니다. 행문行門은 어떤 이는 참선을 하고 어떤 이는 주문을 수지하며, 어떤 이는 염불하더라도 수행은 같을 수 있습니다. 전일하게 교리를 이해하고 수행하면 어떻게 성취하지 않을 수 있겠습니까! 공부가 득력을 할지 못할지는 자기가 반성하고 점검하는데 있지, 다른 사람에게 물을 필요가 없습니다. 다른 사람은 어떻게 점검해야 하는지 알겠습니까? 당신의 공부가 진정으로 득력하면 당신의 번뇌가 작아지고 가벼워지며 지혜는 증장하고 심지가 청정해집니다. 이것이 좋은 경계입니다. 이런 경계는 당신의 공부가 진보가 있고 궤도에 올랐음을 증명합니다. 그 후 해가 갈수록 청정해지고 번뇌가 줄어듭니다. 만약 공부가 더 한걸음 나아가면 매월 번뇌가 줄어짐을 깨닫게 되고 이때 당신은 법희로 충만하여 왕생을 구하면 결정코 왕생합니다.

『무량수경』과 『아미타경』은 같은 경전으로 연지대사께서는 대본, 소본이라고 말씀하셨습니다. 나이가 많은 사람은 『아미타경』을 선택하시길 바랍니다. 경문이 짧고 수지하기 용이합니다. 나이가 젊은 사람은 『무량수경』을 선택하시길 바랍니다. 왜 그렇습니까? 우리의 현재 지견知見은 형태가 고정되어 있지 않아 말씀을 들으면 이곳에서는 참선을 잘 배우고, 그곳에서는 밀교를 잘 배우며, 저곳에서 어떤 신통이 있어서 마음이 끌립니다. 『무량수경』을 많이 독송하면 이치가 명백해지고 마음이 경계에 따라 바뀌지 않습니다.

_『염불의 진실한 이익(念佛的眞實利益)』, 정공법사

(2) 정종의 소의경전 : 오경일론五經一論

정토경론은 매우 많지만, 가장 중요한 것은 『무량수경無量壽經』·『관무량수경觀無量壽經』·『아미타경阿彌陀經』의 3부경입니다. 이 3경에서는 서방극락세계를 오로지 강설하고 있습니다. 『무량수경』은 정토개론으로 서방극락세계를 전체적으로 우리에게 소개하고 있습니다. 즉 그것의 연기, 서방극락세계의 유래, 그 역사, 몇 가지 상황, 우리들이 가는 방법, 구품의 인등 매우 두루 설하고 있어서 정종의 제일경입니다.

『아미타경』은 비록 『무량수경』과 같은 경전이지만, 문자가 적고 간단히 강설되어 있습니다. 그 내용의 중점은 옛 대덕께서 주소註疏에서 말씀하신 것처럼 믿음을 권하고 발원을 권하며 염불행을 권하는 것입니다. 신원행信願行은 서방극락세계에 왕생하는 삼자량三資糧이자 세 가지 필수조건입니다. 우익대사의 『요해要解』는 「신원행」을 『아미타경』상의 삼자량으로 삼으셨습니다.

『관무량수경』의 내용은 우리들에게 염불법문의 이론방법, 이론적 기초를 강설하고 있습니다. 특별히 「이 마음이 있는 그대로 부처님이고 이 마음이 있는 그대로 부처가 된다(是心是佛 是心作佛)」, 이 두 마디 말이 정종의 원리입니다. 그리고 구품의 인과, 즉 우리가 어떠한 인을 닦아서 서방극락세계에 이르러 어떠한 과를 증득하는지 강설하고 있습니다.

후에 조사께서 천친보살의 『왕생론往生論』을 추가하였습니다. 『왕생론』은 천친보살께서 스스로 정토를 수학한 심득보고心得報告로 우리들이 참고할 것을 제시합니다.

청나라 말기 위묵심魏默深 거사가 『화엄경』 최후의 일권인 『보현행원품』을 삼부경 뒤에 추가하여 정토4경이라 불렀습니다. 우리들은 『화엄』에서 「십대원왕이 극락으로 인도해 돌아감」을 봅니다. 보현행은 제일로 보현행을 닦지 않으면 무상정등정각無上正等正覺을 성취할 수 없습니다. 원래 서방극락세계에서는 전부 다 보현행을 닦습니다.

민국民國 초년에 정종의 조사이신 인광印光 노법사께서 『능엄경』의 「대세지보살염불원통장」을 정토4경에 부록으로 실은 후에 정토5경이 성립되었습니다. 『능엄경 · 대세지보살염불원통장』에서 대세지보살은 능엄회상에서 우리들에게 「육근을 모두 거두어들여 정념淨念을 이어가라」고 일러주십니다. 이것은 우리들의 행문行門으로 이것이 정행正行입니다. 이 때문에 현재 정종의 소의 경전을 「정토오경일론」이라 부릅니다.

셋, 수행은 관경삼복 · 육화경 · 삼무루학 · 보살육도 · 보현십원 의지하라!

1. 관경삼복觀經三福 : 첫째 부모님께 효도로 봉양하고(孝養父母), 스승과 어른을 받들어 모시며(奉事師長), 자비로운 마음으로 살생을 하지 말고(慈心不殺), 열 가지 선업을 닦아야(修十善業: 몸으로 살생 · 도둑질 · 삿된 음욕의 세 가지를 짓지 말고, 입으로는 거짓말 · 이간질 하는 말 · 험한 말 · 꾸미는 말의 네 가지를 짓지 말며, 뜻으로는 탐욕 · 성냄 · 어리석음의 세 가지를 짓지 않는다) 합니다. 둘째 삼보에 귀의하고(受持三歸), 온갖 계행을 다 지키며(具足衆戒), 위의를 범하지 말아야(不犯威儀) 합니다. 셋째 보리심을 발하고(發菩提心), 깊이 인과를 믿으며(深信因果: 염불이 인이고 성불이 과입니다), 대승경전을 독송하고(讀誦大乘), 권면하고 이끌어주는 것(勸進行者)입니다.

2. 육화경六和敬 : 첫째 견해로 화합하여 함께 이해하고(見和同解), 둘째 계행으로 화합하여 함께 닦고(戒和同修), 셋째 몸으로 화합하여 함께 머물며(身和同住), 넷째 입으로 화합하여 다투지 않고(口和無諍), 다섯째 뜻으로 화합하여 함께 기뻐하며(意和同悅), 여섯째 이익으로 화합하여 함께 나누는 것(利和同均)입니다.

3. 삼무루학三無漏學 : 마음을 일으키고 생각을 움직일 때 삼독 십악 십번뇌를 멀리 여의고 반드시 청정淸淨(계戒) · 평등平等(정定) · 정각正覺(혜慧)에 상응하여야 합니다.

4. 보살육도菩薩六度 : 늘 보시布施 · 지계持戒 · 인욕忍辱 · 정진精進 · 선정禪定 · 지혜智慧의 육바라밀 행으로 중생을 교화하고 위없이 진정한 도에 머뭅니다.

5. 보현십원普賢十願 : 다 같이 보현대사의 덕을 닦아야 합니다. 즉 첫째 제불께 예배하고 공경하며, 둘째 여래의 공덕장엄을 칭양 · 찬탄하며, 셋째 널리 닦아 부처님께 공양하며, 넷째 스스로의 업장을 참회하며, 다섯째 남의 공덕을 따라 기뻐하며, 여섯째 법륜을 굴려주시길 청하며, 일곱째 부처님께서 세상에 오래 머무시기를 청하며, 여덟째 항상 부처님을 따라 배우며, 아홉째 항상 중생들을 따르며, 열째 모든 공덕을 중생들에게 널리 회향하여야 합니다. 보살을 학습하고 이 대원을 닦음에 궁진함이 없어야 하며 궁진함이 없어서 염념히 계속하여 쉬지 않고 몸과 말과 뜻으로 하는 일에 지치거나 싫어함이 없어야 합니다.

정종학회가 성립될 당시 우리들이 정한 수행의 강령으로 모두 다섯 가지를 골랐습니다. 다들 기억하기 쉽고 간단할 수록 더 좋아했습니다. 첫째가 바로 정업삼복으로 최고의 지도원칙입니다. 둘째는 육화경으로 재가자이든 출가자이든 관계없이 모두 한 덩어리로 같이 닦고 반드시 서로 화목하고 잘 지내고 평등하게 대하여야 합니다. 셋째는 삼학으로 계정혜를 닦아야 합니다. 넷째 과목은 육바라밀로 보시 · 지계 · 인욕 · 정진 · 선정 · 지혜를 닦아야 합니다. 다섯째는 보현보살의 십대원왕十大願王입니다. 정종학인의 일상생활규범은 바로 이 다섯 가지임을 잘 기억하여야 합니다. 마음을 일으키고 생각을 움직이며 언어를 구사할 때 이 다섯 가지 표준을 어겨서는 안 됩니다.

정업삼복 제1조목에는 유불선 세 가지 인간의 근본도리를 포함합니다. 「부모님께 효도로 봉양하고, 스승과 어른을 받들어 모시는」 도리는 『제자규弟子規』에서 실현되고, 「자비로운 마음으로 살생을 하지 않는」 도리는 『감응편感應篇』에서 실현되며, 마지막 「열 가지 선업을 닦는」 도리는 『십선업도十善業道』에서 실현되는데, 이 세 가지 근본도리의 근본입니다. 이 세 가지 도리가 없으면 어떠한 법문을 수학하든 관계없이 모두 성취할 수 없고 염불하여도 왕생할 수 없습니다. 염불인이 단지 정토종과 아미타부처님과 법연을 맺는 것에 그친다면 이번 생에 성취할 수 없습니다. 이러한 규율을 따라 수행해가면 이번 생에 결정코 정토에 왕생합니다.

정업삼복, 이 최고의 원칙에 충실하여 세 가지 근본도리가 잘 자리잡아서 육화경을 닦고 계정혜를 닦을 수 있으면 당신은 범부와 성인이 함께 사는 국토(凡聖同居土)에 태어날 수 있습니다. 만약 육바라밀, 보살의 여섯 가지 수행을 실천할 수 있다면 당신은 극락세계의 방편유여토(方便有餘土 ; 근본무명이 남은 아라한, 벽지불, 지전보살이 거하는 국토)에 태어납니다. 보현보살의 십대원왕을 모두 실천하면 당신은 극락세계 실보장엄토(實報莊嚴土 ; 일부 무명을 끊은 법신대사가 거하는 국토)에 태어납니다. 불보살님께서 우리들에게 말씀해주신 이 방법을 우리들은 가르치신 말씀을 듣고 그대로 따르고(聽話), 진정으로 실천하며(真幹)해야 합니다. 이 다섯 가지 과목을 이번 생에 진정으로 실천하면 정말 실보장엄토에 왕생합니다! 조금도 거짓이 아닙니다. 이 조목은 무량수경에서 모두 상세하게 소개하였습니다. 그래서 『정토대경해연의(演義)』는 정종을 닦는 동학은 들어야 합니다. 듣지 않고 숙지하지 않으면 어떻게 수행하겠습니까?

수행은 다른 것이 아니라 일상생활 가운데 아침부터 저녁까지 집에서 지내거나 일을 하면서 사람을 상대하고 물건을 접하면서 마음을 일으키고 생각을 움직일 때 부처님의 가르침에 어긋나서는 안 됩니다. 이것이 청화聽話로 이것이 모두 불교입니다. 가르침대로 봉행하고 진간真幹, 진정으로 실천하면 당신은 성취할 수 있습니다.

_정토대경해연의淨土大經解演義 (제333집) 2011/3/20

넷, 진성真誠 · 청정清淨 · 평등平等 · 정각正覺 · 자비慈悲의 마음으로, 간파看破 · 방하放下 · 자재自在 · 수연隨緣의 행으로 염불하여 정토법문을 증명(證)하라!

「염불念佛」 이 두 글자는 일체 법을 모두 포함합니다. 「진성真誠 · 청정清淨 · 평등平等 · 정각正覺 · 자비慈悲 ; 간파看破 · 방하放下 · 자재自在 ·

수연隨緣 · 염불念佛」, 이 대련對聯에서 어떤 일구도 다른 아홉 구를 포함합니다. 진성은 청정이 없으면 진성이 아니고, 평등이 없으면 진성이 없고, 방하가 없으면 진성이 없고 자재가 없으면 진성이 없습니다. 『화엄경』에 이르길, "하나가 곧 여럿이고, 여럿이 곧 하나이니라(一即是多 多即是一)" 하셨습니다. 위의 대련은 마음을 보존함(存心)이고, 아래의 대련은 사를 행함(行事)입니다. 불법은 심心과 행行을 말합니다. 「진성真誠 · 청정清淨 · 평등平等 · 정각正覺 · 자비慈悲」는 보살심菩薩心이고, 「간파看破 · 방하放下 · 자재自在 · 수연隨緣 · 염불念佛」」은 보살행菩薩行입니다. 이것이 제가 50년 동안 수학한 심득心得입니다. 어떻게 수학합니까? 바로 이 열 마디, 20글자에 들어있습니다. 제가 날마다 대중에게 강경하고 권면하는 것은 이 20글자입니다.

처음 배우는 이는 생각이 일어나면 "나는 이 생각이 바른 것인가, 삿된 것인가?" 바로 깨달아야 합니다. 만약 이 생각이 삿된 생각(邪念)이면 빨리 그것을 바른 생각(正念)으로 바꾸어야 합니다. 이것이 바로 수행입니다. 진정으로 이렇게 하면 화가 바뀌어 복이 됩니다. 왜냐하면 삿된 생각이 재난이고, 바른 생각이 복덕이기 때문입니다. 악을 바꾸어 선이 되는 것도 마음을 바꿈에 있고, 미혹을 바꾸어 깨달음이 되는 것도 생각을 바꿈에 있습니다. 빨리 바꾸면 결정코 의혹이 없습니다. 화를 바꾸면 복이 될 뿐만 아니라 기사회생起死回生의 관건이 됩니다.

끝으로 「염불念佛」을 총결하겠습니다. 진정한 염불은 무엇으로 염합니까? 바로 진성真誠으로 염하고, 청정清淨으로 염하고, 평등平等으로 염하고, 정각正覺으로 염하고, 자비慈悲로 염하는 것이 염불의 마음입니다. 간파看破로 염하고, 방하放下로 염하고, 자재自在로 염하고, 수연隨緣으로 염하는 것이 염불의 행입니다. 이것이 보살의 학처學處입니다. 어느 때, 어느 곳 어느 경계·인연에서든지 우리들은 이와 같이 수학해야 합니다. 이것을 진정한 염불이라 합니다. **아미타불** 한마디 부처님 명호는 세간 출세간의 일체법을 모두 머금어 거둡니다.

_『좋은 사람이 되라 : 간파·방하·자재·수연으로 염불하라』

* 어떻게 염불해야 극락왕생하여 물러나지 않고 부처가 되는가?

세상에서 가장 슬프고 고통스런 일로 죽음보다 더한 것은 없습니다. 죽음에 대해 모르는 사람은 아무도 없으며, 또한 죽음을 피할 수 있는 사람도 아무도 없습니다. 만약 죽음이 슬프고 고통스럽다는 사실을 알고서도 삼계를 벗어나 영원히 죽음을 피할 수 있는 불법을 수학하려고 하지 않는다면 어찌 아무런 이익도 없이 헛되이 슬퍼하고 고통스러워하는 것에 지나지 않겠습니까? 설사 법문을 구할 수 있어도 만약 자신의 근기에 맞지 않아 수행하여도 증득하지 못해서 여전히 육도에 윤회해야 한다면 이 또한 어찌 아무런 이익도 없이 헛되이 슬퍼하고 고통스러워하는 것에 지나지 않겠습니까?

그래서 우리의 부처님이신 석가모니 세존께서는 3천 년 전에 『대집경大集經』에서 일찍이 말씀하시길, "말법시대에 수천억의 사람들은 단지 자력에 의지해 계정혜를 수행하여 번뇌와 업혹業惑을 다 없애고서 성위(聖位 ; 성인의 경지, 부처의 자리)의 도과道果를 증득할 수 있는 사람은 매우 드무나니, 단지 믿음 발원 염불의 법문에 의지하여, 그리고 아미타부처님께서 본래 서원하신 본원의 힘에 의지하여 서방에 태어나길 구해야만 비로소 생사를 벗어날 수 있느니라." 하셨습니다. 그리고 연종蓮宗의 제13대 조사이신 소주蘇州 영암사 인광印光대사께서도 말씀하시길, "구법계 중생들은 이 염불법문을 여의고서는 불도를 원만하게 성취하기가 어려우며, 시방제불께서는 이 염불법문을 버리고서는 중생을 두루 이롭게 하기는 쉽지 않다." 하셨습니다. 그러므로 부처님과 조사들께서 철저히 자비심으로, 우리 말법시대 중생들이 선근이 매우 얕고 지혜가 모자라서 시기를 알지 못하여 법문을 잘못 써서 수행해도 증득하지 못하고 헛되이 힘만 낭비하여 일생을 그르치는 모습을 너무나 불쌍히 여기신 까닭에 이렇게 우리에게 말씀하셨음을 알아야 합니다.

믿음 발원 염불의 정토법문은 모든 근기를 두루 거두어들이므로, 승과 속, 남녀노소, 총명한 이와 어리석은 이, 그리고 발심이 빠른 이와 늦은 이, 죄업이 가벼운 이와 무거운 이, 갖가지 근기의 사람들을 막론하고 만약 진실한 믿음과 간절한 발원을 가지고서 성실하게 염불하여 서방에 태어나길 구하여 몸이 다하도록 물러나지 않는 사람은 임종에 이르러 모두가 불력으로 접인接引받아 서방 극락세계에 왕생할 수 있음을 반드시 알아야 합니다. 설사 평상시 믿음과 발원으로 염불하여 서방에 태어나길 구할 줄 모르는 사람일지라도, 임종시 만약 선우가 그를 일깨워서 믿음을 내어 발원하고 염불하여 서방에 태어나길 구하게 하고, 가족들 또한 슬퍼서 소리 내어 울고 이것저것 캐묻는 등 갖가지 방해를 하지 않고, 게다가 만약 여법하게 염불을 돕는다면 이러한 사람 역시 반드시 서방에 왕생할 수 있습니다.

서방에 왕생하는 가장 중요한 것은 비록 본인 자신이 최후 한 생각(一念)을 주관할 수 있는 데에 달려 있을지라도, 그러나 조념을 여법하게 하는 것 역시 대단히 중요합니다. 그러나 이러한 임종 조념의 방법에 대해 재가의 속인들은 아직은 보편적으로 이해하지 못하기 때문에, 어떤 사람이 임종할 때에 그의 가족들이 왕왕 어떻게 그를 도와 염불하여 망자의 신식神識을 서방 극락세계에 왕생하도록 보낼 줄을 알지 못하여 도리어 슬피 소리 내어 울어 망자의 신식을 밀어내어 지옥, 아귀, 축생 등 악도에 떨어지게 하여 오랫동안 고통을 받게 합니다.

각처에서 같은 원을 세우시고 수행하고 계시는 연우蓮友님들! 만약 진실한 뜻에 의지하여 진실한 행을 일으킬 수 있다면, 사람마다 모두 일평생 함께 사바세계를 벗어나 영원히 생사의 고통바다와 작별하고 같이 안양安養세계에 올라 영원히 열반의 묘락을 누릴 것입니다.

『어떻게 염불해야 극락왕생하여 물러나지 않고 부처가 되는가?(怎樣念佛往生不退成佛)』의 서문에서

하련거夏蓮居 거사(1886-1965)

방동미方東美 교수(1899-1977)

章嘉大師法像

장가章嘉 대사(1890-1957)

이병남李炳南 거사(1891- 1986)

한영韓瑛 관장(1922-1997)

정공淨空 큰스님(1927-)

淨宗學會會旗表法

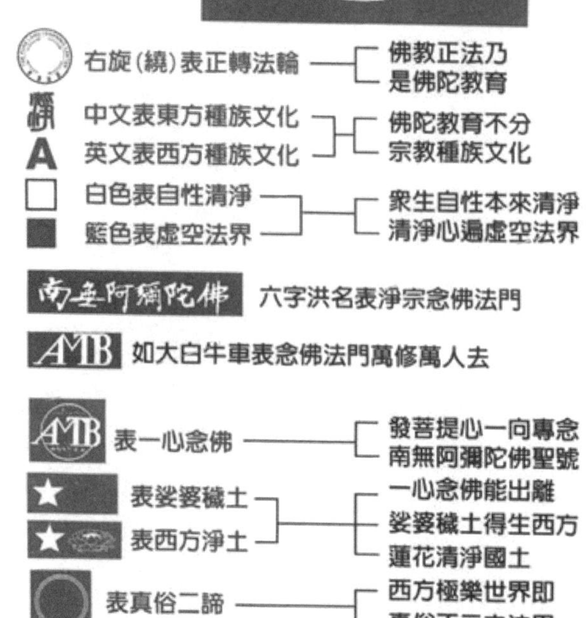

佛教非宗教
非哲學乃是
佛陀教育是
佛陀對九法
界衆生至善
圓滿的教育
故無宗教種
族文化之分
衆生之自性
本來清淨若
依佛陀教育
一門深入修
學淨宗念佛
真發菩提心
一心念佛者
人人皆得以
往生西方清
淨蓮花世界
入真俗不二
之一真法界

정종학회 상징 깃발

나무아미타불

『당생성불當生成佛』을 삼가 지극한 공경심으로 인쇄하여, 극락세계 아미타부처님과 관세음보살, 대세지보살, 청정대해중보살 성중께 엎드려 정례하오며 삼가 공양 올리옵니다.

이 불사는 대한민국 이 땅에 정종학회의 가르침에 따라 여법하게 정토를 전수專修 전홍專弘하는 「한국정종학회」의 설립을 발원하고 이를 향해 부끄럽고 두려운 마음으로 내딛는 첫걸음입니다. 오탁악세에 만나기 어려운 희유하고 귀중한 법보를 전해주신 정종학회 대덕님들의 은혜에 깊이깊이 감사드리옵니다. 이 불사의 일체 공덕이 허공법계에 두루 계시는 일체 고난 중생들에게 원만히 회향되길 바라옵니다.

2017년 5월 10일, 미타재일

불초 제자 한국정종학회 일동 정례

자금을 내거나 독송수지하는 사람과 여러 사람 여러 장소에 유통시키는 사람들을 위해 두루 회향하는 게송

경을 인쇄한 공덕과 수승한 행과
가없는 수승한 복을 모두 회향하옵나니,

원하옵건대 전생 현생의 업이 다 소멸되고,
업과 미혹이 사라지고 선근이 증장되며,

현생의 권속이 안락하고, 선망 조상들이 극락왕생하며,
시방찰토 미진수 법계, 공존공영하고 화해원만하며,
비바람이 항상 순조롭게 불고 세계가 모두 화평하며,

일체 재난이 없어지고 사람들이 건강 평안하며,
일체 법계 중생들이 함께 정토에 왕생하게 하소서.

南無護法韋陀尊天菩薩

畫家陳士侯提供

당생성불 當生成佛

1판 1쇄 펴낸 날 2017년 4월 28일
1판 3쇄 펴낸 날 2020년 2월 4일
강설 정공법사 **편역** 허만항
발행인 김재경 **편집 · 디자인** 김성우 **교정 · 교열** 오동일 **제작** 재능인쇄
펴낸곳 도서출판 비움과소통
경기도 파주시 하우고개길 151-17 예일아트빌 103동 102호(야당동 191-10)
전화 031-945-8739 팩스 0505-115-2068
홈페이지 blog.daum.net/kudoyukjung **이메일** buddhapia5@daum.net
출판등록 2010년 6월 18일 제318-2010-000092호

ISBN 979-11-6016-019-2 03220